ŒUVRES
COMPLÈTES
DE MOLIÈRE,

REVUES AVEC SOIN

SUR LES DIFFÉRENTES ÉDITIONS;

PRÉCÉDÉES D'UNE NOUVELLE VIE DE MOLIÈRE, ET D'UN TABLEAU
CHRONOLOGIQUE ET HISTORIQUE DE SES PIÈCES;

Par P. R. AUGUIS.

TOME HUITIÈME.

PARIS,
FROMENT, QUAI DES AUGUSTINS, N°. 17.

1823.

COLLECTION

DES

CLASSIQUES FRANÇAIS.

SE TROUVE AUSSI

Chez
{ AIMÉ ANDRÉ, quai des Augustins, n° 59;
PARMANTIER, rue Dauphine, n° 14;
BERQUET, rue de l'École de Médecine, n° 4.

DE L'IMPRIMERIE DE FIRMIN DIDOT, RUE JACOB, N° 24.

OEUVRES

COMPLÈTES

DE MOLIÈRE,

REVUES AVEC SOIN

SUR LES DIFFÉRENTES ÉDITIONS;

PRÉCÉDÉES D'UNE NOUVELLE VIE DE MOLIÈRE, ET D'UN TABLEAU
CHRONOLOGIQUE ET HISTORIQUE DE SES PIÈCES;

Par P. R. AUGUIS.

TOME HUITIÈME.

PARIS,

FROMENT, QUAI DES AUGUSTINS, N° 11.

MDCCCXXIII.

LA COMTESSE
D'ESCARBAGNAS,

COMÉDIE

EN UN ACTE ET EN PROSE,

Représentée à Saint-Germain-en-Laye, au mois de décembre 1671;
et à Paris, sur le théâtre du Palais-Royal, le 8 juillet 1672.

PERSONNAGES.

LA COMTESSE D'ESCARBAGNAS.
LE COMTE, fils de la comtesse d'Escarbagnas.
LE VICOMTE, amant de Julie.
JULIE, amante du vicomte.
Monsieur TIBAUDIER, conseiller, amant de la comtesse.
Monsieur HARPIN, receveur des tailles, autre amant de la comtesse.
Monsieur BOBINET, précepteur de M. le comte.
ANDRÉE, suivante de la comtesse.
JEANNOT, valet de M. Tibaudier.
CRIQUET, valet de la comtesse.

La scène est à Angoulême.

LA COMTESSE
D'ESCARBAGNAS.

SCÈNE PREMIÈRE.

JULIE, LE VICOMTE.

LE VICOMTE.

Hé quoi! madame, vous êtes déja ici?

JULIE.

Oui. Vous en devriez rougir, Cléante; et il n'est guère honnête à un amant de venir le dernier au rendez-vous.

LE VICOMTE.

Je serois ici il y a une heure, s'il n'y avoit point de fâcheux au monde; et j'ai été arrêté en chemin par un vieux importun de qualité, qui m'a demandé tout exprès des nouvelles de la cour pour trouver moyen de m'en dire des plus extravagantes qu'on puisse débiter; et c'est là, comme vous savez, le fléau des petites villes, que ces grands nouvellistes qui cherchent partout où répandre les contes qu'ils ramassent. Celui-ci m'a montré d'abord deux feuilles de papier pleines jusqu'aux bords d'un grand fatras de balivernes, qui viennent, m'a-t-il dit, de l'endroit le plus sûr du monde. Ensuite, comme d'une chose fort curieuse, il m'a fait avec grand mystère une fatigante lecture de toutes les méchantes plaisanteries de la gazette de Hollande, dont il épouse les intérêts. Il tient que la France est battue en ruine par la plume de cet écrivain, et qu'il ne faut que ce bel esprit pour défaire toutes nos troupes; et de là s'est jeté à corps perdu dans le raisonnement du ministère, [1] dont il remarque tous les défauts, et dont j'ai cru qu'il ne sortiroit point. A l'entendre parler, il sait les secrets du cabinet mieux que ceux qui les font. La politique de l'État lui laisse voir tous ses desseins; et elle ne fait pas un pas dont il ne pénètre les intentions. Il nous apprend les ressorts cachés de tout ce qui se fait, nous découvre les vues de la prudence de nos voisins, et remue à sa fantaisie toutes les affaires de l'Europe. Ses intelligences même s'étendent jusqu'en Afrique et en Asie; et il est informé de tout ce qui s'agite dans le conseil d'en-haut du Prêtre-Jean, et du Grand-Mogol.

JULIE.

Vous parez votre excuse du mieux que vous pouvez, afin de la rendre agréable, et faire qu'elle soit plus aisément reçue.

LE VICOMTE.

C'est là, belle Julie, la véritable cause de mon retardement : et si je voulois y donner une excuse galante, je n'aurois qu'à vous dire que le rendez-vous que vous voulez prendre, peu tautoriser la paresse dont vous me que-

---

[1] *Il s'est jeté dans le raisonnement de ministère ;* expression qui signifiait alors *discuter l'administration des ministres.*

rellez ; que m'engager à faire l'amant de la maîtresse du logis, c'est me mettre en état de craindre de me trouver ici le premier; que cette feinte où je me force n'étant que pour vous plaire, j'ai lieu de ne vouloir en souffrir la contrainte que devant les yeux qui s'en divertissent; que j'évite le tête-à-tête avec cette comtesse ridicule dont vous m'embarrassez ; et, en un mot, que, ne venant ici que pour vous, j'ai toutes les raisons du monde d'attendre que vous y soyez.

JULIE.

Nous savons bien que vous ne manquerez jamais d'esprit pour donner de belles couleurs aux fautes que vous pourrez faire. Cependant, si vous étiez venu une demi-heure plus tôt, nous aurions profité de tous ces moments; car j'ai trouvé en arrivant que la comtesse étoit sortie, et je ne doute point qu'elle ne soit allée par la ville se faire honneur de la comédie que vous me donnez sous son nom.

LE VICOMTE.

Mais tout de bon, madame, quand voulez-vous mettre fin à cette contrainte, et me faire moins acheter le bonheur de vous voir ?

JULIE.

Quand nos parents pourront être d'accord ; ce que je n'ose espérer. Vous savez, comme moi, que les démêlés de nos deux familles ne nous permettent point de nous voir autre part, et que mes frères, non plus que votre père, ne sont pas assez raisonnables pour souffrir notre attachement.

LE VICOMTE.

Mais pourquoi ne pas mieux jouir du rendez-vous que

leur inimitié nous laisse, et me contraindre à perdre en une sotte feinte les moments que j'ai près de vous ?

JULIE.

Pour mieux cacher notre amour. Et puis, à vous dire la vérité, cette feinte dont vous parlez, m'est une comédie fort agréable ; et je ne sais si celle que vous me donnez aujourd'hui, nous divertira davantage. Notre comtesse d'Escarbagnas, avec son perpétuel entêtement de qualité,¹ est aussi bon personnage qu'on en puisse mettre sur le théâtre. Le petit voyage qu'elle a fait à Paris, l'a ramenée dans Angoulême plus achevée qu'elle n'étoit. L'approche de l'air de la cour a donné à son ridicule de nouveaux agréments ; et sa sottise tous les jours ne fait que croître et embellir.

LE VICOMTE.

Oui ; mais vous ne considérez pas que le jeu qui vous divertit, tient mon cœur au supplice, et qu'on n'est point capable de se jouer long-temps, lorsqu'on a dans l'esprit une passion aussi sérieuse que celle que je sens pour vous. Il est cruel, belle Julie, que cet amusement dérobe à mon amour un temps qu'il voudroit employer à vous expliquer son ardeur ; et cette nuit j'ai fait là-dessus quelques vers, que je ne puis m'empêcher de vous réciter sans que vous me le demandiez, tant la démangeaison de dire ses ouvrages est un vice attaché à la qualité de poète :

C'est trop long-temps, Iris, me mettre à la torture.

Iris, comme vous le voyez, est mis pour Julie.

---

1. *Qualité* est là pour *noblesse*.

SCÈNE I.

C'est trop long-temps, Iris, me mettre à la torture;
Et si je suis vos lois, je les blâme tout bas
De me forcer à taire un tourment que j'endure,
Pour déclarer un mal que je ne ressens pas.

Faut-il que vos beaux yeux, à qui je rends les armes,
Veuillent se divertir de mes tristes soupirs!
Et n'est-ce pas assez de souffrir pour vos charmes,
Sans me faire souffrir encor pour vos plaisirs?

C'en est trop à la fois que ce double martyre;
Et ce qu'il me faut taire, et ce qu'il me faut dire,
Exerce sur mon cœur pareille cruauté:

L'amour le met en feu, la contrainte le tue;
Et, si par la pitié vous n'êtes combattue,
Je meurs et de la feinte et de la vérité.

JULIE.

Je vois que vous vous faites là bien plus maltraité que vous n'êtes; mais c'est une licence que prennent messieurs les poètes, de mentir de gaîté de cœur, et de donner à leurs maîtresses des cruautés qu'elles n'ont pas, pour s'accommoder aux pensées qui leur peuvent venir. Cependant je serai bien aise que vous me donniez ces vers par écrit.

LE VICOMTE.

C'est assez de vous les avoir dits, et je dois en demeurer là. Il est permis d'être parfois assez fou pour faire des vers, mais non pour vouloir qu'ils soient vus.

JULIE.

C'est en vain que vous vous retranchez sur une fausse modestie; on sait dans le monde que vous avez de l'esprit; et je ne vois pas la raison qui vous oblige à cacher les vôtres.

LE VICOMTE.

Mon dieu! madame, marchons là-dessus, s'il vous plaît, avec beaucoup de retenue; il est dangereux dans le monde de se mêler d'avoir de l'esprit. Il y a là-dedans un certain ridicule qu'il est facile d'attraper, et nous avons de nos amis qui me font craindre leur exemple.

JULIE.

Mon dieu! Cléante, vous avez beau dire, je vois avec tout cela que vous mourez d'envie de me les donner; et je vous embarrasserois, si je faisois semblant de ne m'en pas soucier.

LE VICOMTE.

Moi, madame? Vous vous moquez; et je ne suis pas si poète que vous pourriez bien croire, pour... Mais voici votre madame la comtesse d'Escarbagnas. Je sors par l'autre porte pour ne la point trouver, et vais disposer tout mon monde au divertissement que je vous ai promis.

SCÈNE II.

LA COMTESSE, JULIE; ANDRÉE et CRIQUET
dans le fond du théâtre.

LA COMTESSE.

Ah! mon dieu! madame, vous voilà toute seule! Quelle pitié est-ce là! Toute seule! Il me semble que mes gens m'avoient dit que le vicomte étoit ici.

SCÈNE II.

JULIE.

Il est vrai qu'il est venu; mais c'est assez pour lui de savoir que vous n'y étiez pas, pour l'obliger à sortir.

LA COMTESSE.

Comment! il vous a vue?

JULIE.

Oui.

LA COMTESSE.

Et il ne vous a rien dit?

JULIE.

Non, madame; et il a voulu témoigner par-là qu'il est tout entier à vos charmes.

LA COMTESSE.

Vraiment, je le veux quereller de cette action. Quelque amour que l'on ait pour moi, j'aime que ceux qui m'aiment rendent ce qu'ils doivent au sexe; et je ne suis point de l'humeur de ces femmes injustes qui s'applaudissent des incivilités que leurs amants font aux autres belles.

JULIE.

Il ne faut point, madame, que vous soyez surprise de son procédé. L'amour que vous lui donnez éclate dans toutes ses actions, et l'empêche d'avoir des yeux que pour vous.

LA COMTESSE.

Je crois être en état de pouvoir faire naître une passion assez forte, et je me trouve pour cela assez de beauté, de jeunesse, et de qualité, Dieu merci; mais cela n'empêche pas qu'avec ce que j'inspire, on ne puisse garder de l'honnêteté et de la complaisance pour les autres. (Apercevant Criquet.) Que faites-vous donc là, laquais? Est-ce qu'il n'y a pas une antichambre où se tenir, pour venir quand on vous appelle? Cela est étrange qu'on ne puisse avoir en province un laquais qui sache son monde! A qui est-ce donc que je parle? Voulez-vous donc vous en aller là-dehors, petit fripon?

SCÈNE III.

LA COMTESSE, JULIE, ANDRÉE.

LA COMTESSE, à Andrée.

Fille, approchez.

ANDRÉE.

Que vous plaît-il, madame?

LA COMTESSE.

Otez-moi mes coiffes. Doucement donc, maladroite: comme vous me saboulez la tête avec vos mains pesantes!

ANDRÉE.

Je fais, madame, le plus doucement que je puis.

LA COMTESSE.

Oui; mais le plus doucement que vous pouvez est fort rudement pour ma tête, et vous me l'avez déboîtée. Tenez encore ce manchon. Ne laissez point traîner tout cela, et portez-le dans ma garde-robe. Hé bien! où va-t-elle? où va-t-elle? Que veut-elle faire, cet oison bridé?

ANDRÉE.

Je veux, madame, comme vous m'avez dit, porter cela aux gardes-robes.

SCÈNE IV.

LA COMTESSE.

Ah! mon dieu! l'impertinente! (A Julie.) Je vous demande pardon, madame. (A Andrée.) Je vous ai dit ma garde-robe, grosse-bête; c'est-à-dire où sont mes habits.

ANDRÉE.

Est-ce, madame, qu'à la cour une armoire s'appelle une garde-robe?

LA COMTESSE.

Oui, butorde; on appelle ainsi le lieu où l'on met les habits.

ANDRÉE.

Je m'en ressouviendrai, madame, aussi-bien que de votre grenier, qu'il faut appeler garde-meuble.

SCÈNE IV.

LA COMTESSE, JULIE.

LA COMTESSE.

Quelle peine il faut prendre pour instruire ces animaux-là!

JULIE.

Je les trouve bien heureux, madame, d'être sous votre discipline.

LA COMTESSE.

C'est une fille de ma mère nourrice que j'ai mise à la chambre, et elle est toute neuve encore.

JULIE.

Cela est d'une belle ame, madame; et il est glorieux de faire des créatures.

LA COMTESSE.

Allons, des siéges. Holà, laquais! laquais! laquais! En vérité, voilà qui est violent de ne pouvoir pas avoir un laquais pour donner des siéges! Filles! laquais! laquais! filles! quelqu'un! Je pense que tous mes gens sont morts, et que nous serons contraintes de nous donner des siéges nous-mêmes.

SCÈNE V.

LA COMTESSE, JULIE, ANDRÉE.

ANDRÉE.

Que voulez-vous, madame?

LA COMTESSE.

Il se faut bien égosiller avec vous autres!

ANDRÉE.

J'enfermois votre manchon et vos coiffes dans votre armoi... dis-je, dans votre garde-robe.

LA COMTESSE.

Appelez-moi ce petit fripon de laquais.

ANDRÉE.

Holà, Criquet!

LA COMTESSE.

Laissez là votre Criquet, bouvière; et appelez, laquais!

ANDRÉE.

Laquais donc, et non pas Criquet, venez parler à madame. Je pense qu'il est sourd. Criq... Laquais! laquais!

SCÈNE VI.

LA COMTESSE, JULIE, ANDRÉE, CRIQUET.

CRIQUET.

Plaît-il ?

LA COMTESSE.

Où étiez-vous donc, petit coquin ?

CRIQUET.

Dans la rue, madame.

LA COMTESSE.

Et pourquoi dans la rue ?

CRIQUET.

Vous m'avez dit d'aller là-dehors.

LA COMTESSE.

Vous êtes un petit impertinent, mon ami ; et vous devez savoir que là-dehors, en termes de personnes de qualité, veut dire l'antichambre. Andrée, ayez soin tantôt de faire donner le fouet à ce petit fripon-là par mon écuyer ; c'est un petit incorrigible.

ANDRÉE.

Qu'est-ce que c'est, madame, que votre écuyer ? Est-ce maître Charles que vous appelez comme cela ?

LA COMTESSE.

Taisez-vous, sotte que vous êtes ; vous ne sauriez ouvrir la bouche que vous ne disiez une impertinence. (A Criquet.) Des siéges. (A Andrée.) Et vous, allumez deux bougies dans mes flambeaux d'argent ; il se fait déja tard. Qu'est-ce que c'est donc, que vous me regardez tout effarée ?

ANDRÉE.

Madame...

LA COMTESSE.

Hé bien! madame! Qu'y a-t-il?

ANDRÉE.

C'est que...

LA COMTESSE.

Quoi?

ANDRÉE.

C'est que je n'ai point de bougies.

LA COMTESSE.

Comment! vous n'en avez point?

ANDRÉE.

Non, madame, si ce n'est des bougies de suif.

LA COMTESSE.

La bouvière! Et où est donc la cire que je fis acheter ces jours passés?

ANDRÉE.

Je n'en ai point vu depuis que je suis céans.

LA COMTESSE.

Otez-vous de là, insolente. Je vous renvoierai chez vos parents. Apportez-moi un verre d'eau.

SCÈNE VII.

LA COMTESSE et JULIE, faisant des cérémonies pour s'asseoir.

LA COMTESSE.

Madame.

SCÈNE VII.

JULIE.

Madame.

LA COMTESSE.

Ah! madame!

JULIE.

Ah! madame!

LA COMTESSE.

Mon dieu! madame!

JULIE.

Mon dieu! madame!

LA COMTESSE.

Oh! madame!

JULIE.

Oh! madame!

LA COMTESSE.

Eh! madame!

JULIE.

Hé! madame!

LA COMTESSE.

Hé! allons donc, madame!

JULIE.

Hé! allons donc, madame!

LA COMTESSE.

Je suis chez moi, madame. Nous sommes demeurées d'accord de cela. Me prenez-vous pour une provinciale, madame?

JULIE.

Dieu m'en garde, madame!

SCÈNE VIII.

LA COMTESSE, JULIE; ANDRÉE, apportant un verre d'eau; CRIQUET.

LA COMTESSE, à Andrée.

Allez, impertinente; je bois avec une soucoupe. Je vous dis que vous m'alliez querir une soucoupe pour boire.

ANDRÉE.

Criquet, qu'est-ce que c'est qu'une soucoupe?

CRIQUET.

Une soucoupe?

ANDRÉE.

Oui.

CRIQUET.

Je ne sais.

LA COMTESSE, à Andrée.

Vous ne grouillez pas?

ANDRÉE.

Nous ne savons tous deux, madame, ce que c'est qu'une soucoupe.

LA COMTESSE.

Apprenez que c'est une assiette sur laquelle on met le verre.

SCÈNE IX.

LA COMTESSE, JULIE.

LA COMTESSE.

Vive Paris, pour être bien servie! On vous entend là au moindre coup d'œil.

SCÈNE X.

LA COMTESSE, JULIE; ANDRÉE, apportant un verre d'eau avec une assiette dessus; CRIQUET.

LA COMTESSE.

Hé bien! vous ai-je dit comme cela, tête de bœuf? C'est dessous qu'il faut mettre l'assiette.

ANDRÉE.

Cela est bien aisé. (Andrée casse le verre en le posant sur l'assiette.)

LA COMTESSE.

Hé bien! ne voilà pas l'étourdie! En vérité, vous me paierez mon verre.

ANDRÉE.

Hé bien! oui, madame, je le paierai.

LA COMTESSE.

Mais voyez cette maladroite, cette bouvière, cette butorde, cette...

ANDRÉE, s'en allant.

Dame! madame, si je le paie, je ne veux point être querellée.

LA COMTESSE.

Otez-vous de devant mes yeux.

SCÈNE XI.

LA COMTESSE, JULIE.

LA COMTESSE.

En vérité, madame, c'est une chose étrange que les petites villes! On n'y sait point du tout son monde; et je viens de faire deux ou trois visites, où ils ont pensé me désespérer par le peu de respect qu'ils rendent à ma qualité.

JULIE.

Où auroient-ils appris à vivre? Ils n'ont point fait de voyage à Paris.

LA COMTESSE.

Ils ne laisseroient pas de l'apprendre, s'ils vouloient écouter les personnes : mais le mal que j'y trouve, c'est qu'ils veulent en savoir autant que moi, qui ai été deux mois à Paris, et vu toute la cour.

JULIE.

Les sottes gens que voilà!

LA COMTESSE.

Ils sont insupportables avec les impertinentes égalités dont ils traitent les gens. Car enfin il faut qu'il y ait de la subordination dans les choses : et ce qui me met hors de moi, c'est qu'un gentilhomme de ville de deux jours ou de deux cents ans aura l'effronterie de dire qu'il est aussi bien gentilhomme que feu monsieur mon mari, qui demeuroit à la campagne, qui avoit meute de chiens courants, et qui prenoit la qualité de comte dans tous les contrats qu'il passoit.

JULIE.

On sait bien mieux vivre à Paris dans ces hôtels dont la mémoire doit être si chère. Cet hôtel de Mouhy, madame, cet hôtel de Lyon, cet hôtel de Hollande, les agréables demeures que voilà !

LA COMTESSE.

Il est vrai qu'il y a bien de la différence de ces lieux-là à tout ceci. On y voit venir du beau monde, qui ne marchande point à vous rendre tous les respects qu'on sauroit souhaiter. On ne se lève pas, si l'on veut, de dessus son siège ; et lorsque l'on veut voir la revue, ou le grand ballet de Psyché, on est servi à point nommé.

JULIE.

Je pense, madame, que, durant votre séjour à Paris, vous avez fait bien des conquêtes de qualité.

LA COMTESSE.

Vous pouvez bien croire, madame, que tout ce qui s'appelle les galants de la cour n'a pas manqué de venir à ma porte et de m'en conter ; et je garde dans ma cassette de leurs billets qui peuvent faire voir quelles propositions j'ai refusées. Il n'est pas nécessaire de vous dire leurs noms : on sait ce qu'on veut dire par les galants de la cour.

JULIE.

Je m'étonne, madame, que, de tous ces grands noms que je devine, vous ayez pu redescendre à un monsieur Tibaudier le conseiller, et à un monsieur Harpin le re-

ceveur des tailles. La chute est grande, je vous l'avoue;
car pour monsieur votre vicomte, quoique vicomte de
province, c'est toujours vicomte, et il peut faire un
voyage à Paris, s'il n'en a point fait; mais un conseiller
et un receveur sont des amants un peu bien minces pour
une grande comtesse comme vous.

LA COMTESSE.

Ce sont des gens qu'on ménage dans les provinces
pour le besoin qu'on en peut avoir; ils servent au moins
à remplir les vides de la galanterie, à faire nombre de
soupirants, et il est bon, madame, de ne pas laisser un
amant seul maître du terrain, de peur que, faute de
rivaux, son amour ne s'endorme sur trop de confiance.

JULIE.

Je vous avoue, madame, qu'il y a merveilleusement
à profiter de tout ce que vous dites : c'est une école
que votre conversation, et j'y viens tous les jours attraper
quelque chose.

SCÈNE XII.

LA COMTESSE, JULIE, ANDRÉE, CRIQUET.

CRIQUET, à la comtesse.

Voilà Jeannot de monsieur le conseiller qui vous demande, madame.

LA COMTESSE.

Hé bien! petit coquin, voilà encore de vos âneries.
Un laquais qui sauroit vivre, auroit été parler tout bas
à la demoiselle suivante, qui seroit venue dire doucement

à l'oreille de sa maîtresse, Madame, voilà le laquais de monsieur un tel qui demande à vous dire un mot; à quoi la maîtresse auroit répondu, Faites-le entrer.

SCÈNE XIII.

LA COMTESSE, JULIE, ANDRÉE, CRIQUET, JEANNOT.

CRIQUET.

Entrez, Jeannot.

LA COMTESSE.

Autre lourderie! (A Jeannot.) Qu'y a-t-il, laquais? Que portes-tu là?

JEANNOT,

C'est monsieur le conseiller, madame, qui vous souhaite le bonjour, et, auparavant que de venir, vous envoie des poires de son jardin avec ce petit mot d'écrit.

LA COMTESSE.

C'est du bon-chrétien qui est fort beau. Andrée, faites porter cela à l'office.

SCÈNE XIV.

LA COMTESSE, JULIE, CRIQUET, JEANNOT.

LA COMTESSE, donnant de l'argent à Jeannot.

Tiens, mon enfant, voilà pour boire.

JEANNOT.

Oh! non! madame.

LA COMTESSE.

Tiens, te dis-je.

JEANNOT.

Mon maître m'a défendu, madame, de rien prendre de vous.

LA COMTESSE.

Cela ne fait rien.

JEANNOT.

Pardonnez-moi, madame.

CRIQUET.

Hé! prenez, Jeannot. Si vous n'en voulez pas, vous me le baillerez.

LA COMTESSE.

Dis à ton maître que je le remercie.

CRIQUET, à Jeannot qui s'en va.

Donne-moi donc cela.

JEANNOT.

Oui! quelque sot!...

CRIQUET.

C'est moi qui te l'ai fait prendre.

JEANNOT.

Je l'aurois bien pris sans toi.

LA COMTESSE.

Ce qui me plaît de ce monsieur Tibaudier, c'est qu'il sait vivre avec les personnes de ma qualité, et qu'il est fort respectueux.

SCÈNE XV.

LE VICOMTE, LA COMTESSE, JULIE, CRIQUET.

LE VICOMTE.

Madame, je viens vous avertir que la comédie sera bientôt prête, et que, dans un quart d'heure, nous pouvons passer dans la salle.

LA COMTESSE.

Je ne veux point de cohue, au moins. (A Criquet.) Que l'on dise à mon Suisse qu'il ne laisse entrer personne.

LE VICOMTE.

En ce cas, madame, je vous déclare que je renonce à la comédie; et je n'y saurois prendre de plaisir lorsque la compagnie n'est pas nombreuse. Croyez-moi; si vous voulez vous bien divertir, qu'on dise à vos gens de laisser entrer toute la ville.

LA COMTESSE.

Laquais, un siége. (Au vicomte, après qu'il s'est assis.) Vous voilà venu à propos pour recevoir un petit sacrifice que je veux bien vous faire. Tenez, c'est un billet de monsieur Tibaudier, qui m'envoie des poires. Je vous donne la liberté de le lire tout haut; je ne l'ai point encore vu.

LE VICOMTE, après avoir lu tout bas le billet.

Voici un billet du beau style, madame, et qui mérite d'être bien écouté.

« Madame! je n'aurois pas pu vous faire le présent que

« je vous envoie, si je ne recueillois pas plus de fruit de
« mon jardin que j'en recueille de mon amour. »

LA COMTESSE.

Cela vous marque clairement qu'il ne se passe rien entre nous.

LE VICOMTE.

« Les poires ne sont pas encore bien mûres; mais elles
« en cadrent mieux avec la dureté de votre ame, qui,
« par ses continuels dédains, ne me promet pas poires
« molles. Trouvez bon, madame, que, sans m'engager
« dans une énumération de vos perfections et charmes,
« qui me jetteroit dans un progrès à l'infini, je conclue
« ce mot en vous faisant considérer que je suis d'un
« aussi franc chrétien que les poires que je vous envoie,
« puisque je rends le bien pour le mal; c'est-à-dire,
« madame, pour m'expliquer plus intelligiblement,
« puisque je vous présente des poires de bon-chrétien
« pour des poires d'angoisse que vos cruautés me font
« avaler tous les jours.

« TIBAUDIER »
« votre esclave indigne. »

Voilà, madame, un billet à garder.

LA COMTESSE.

Il y a peut-être quelque mot qui n'est pas de l'académie; mais j'y remarque un certain respect qui me plaît beaucoup.

JULIE.

Vous avez raison, madame; et, monsieur le vicomte dût-il s'en offenser, j'aimerois un homme qui m'écriroit comme cela.

SCÈNE XVI.

M. TIBAUDIER, LE VICOMTE, LA COMTESSE, JULIE, CRIQUET.

LA COMTESSE.

Approchez, monsieur Tibaudier, ne craignez point d'entrer. Votre billet a été bien reçu, aussi bien que vos poires; et voilà madame qui parle pour vous contre votre rival.

M. TIBAUDIER.

Je lui suis bien obligé, madame; et si elle a jamais quelque procès en notre siége, elle verra que je n'oublierai pas l'honneur qu'elle me fait de se rendre auprès de vos beautés l'avocat de ma flamme.

JULIE.

Vous n'avez pas besoin d'avocat, monsieur; et votre cause est juste.

M. TIBAUDIER.

Ce néanmoins, madame, bon droit a besoin d'aide; et j'ai sujet d'appréhender de me voir supplanté par un tel rival, et que madame ne soit circonvenue par la qualité de vicomte.

LE VICOMTE.

J'espérois quelque chose, monsieur Tibaudier, avant votre billet; mais il me fait craindre pour mon amour.

M. TIBAUDIER.

Voici encore, madame, deux petits versets ou couplets que j'ai composés à votre honneur et gloire.

LE VICOMTE.

Ah! je ne pensois pas que monsieur Tibaudier fût poète: et voilà pour m'achever que ces deux petits versets-là...

LA COMTESSE.

Il veut dire deux strophes. (A Criquet.) Laquais, donnez un siége à monsieur Tibaudier. (Bas à Criquet qui apporte une chaise.) Un pliant, petit animal. Monsieur Tibaudier, mettez-vous là, et nous lisez vos strophes.

M. TIBAUDIER.

Une personne de qualité
  Ravit mon ame :
Elle a de la beauté,
  J'ai de la flamme;
  Mais je la blâme
D'avoir de la fierté.

LE VICOMTE.

Je suis perdu après cela.

LA COMTESSE.

Le premier vers est beau: une personne de qualité!

JULIE.

Je crois qu'il est un peu trop long; mais on peut prendre une licence pour dire une belle pensée.

LA COMTESSE, à M. Tibaudier.

Voyons l'autre strophe.

M. TIBAUDIER.

Je ne sais pas si vous doutez de mon parfait amour;
  Mais je sais bien que mon cœur à toute heure
    Veut quitter sa chagrine demeure
Pour aller, par respect, faire au vôtre sa cour.

SCÈNE XVI.

Après cela pourtant, sûr de ma tendresse
Et de ma foi, dont unique est l'espèce,
    Vous devriez à votre tour
    Vous contentant d'être comtesse,
Vous dépouiller en ma faveur d'une peau de tigresse
    Qui couvre vos appas la nuit comme le jour.

LE VICOMTE.

Me voilà supplanté, moi, par monsieur Tibaudier.

LA COMTESSE.

Ne pensez pas vous moquer: pour des vers faits dans la province, ces vers-là sont fort beaux.

LE VICOMTE.

Comment, madame, me moquer! Quoique son rival, je trouve ces vers admirables, et ne les appelle pas seulement deux strophes comme vous, mais deux épigrammes, aussi bonnes que toutes celles de Martial.

LA COMTESSE.

Quoi! Martial fait-il des vers? Je pensois qu'il ne fît que des gants.

M. TIBAUDIER.

Ce n'est pas ce Martial-là, madame; c'est un auteur qui vivoit il y a trente ou quarante ans.

LE VICOMTE.

Monsieur Tibaudier a lu les auteurs, comme vous le voyez. Mais allons voir, madame, si ma musique et ma comédie, avec mes entrées de ballet, pourront combattre dans votre esprit les progrès des deux strophes et du billet que nous venons de voir.

LA COMTESSE.

Il faut que mon fils le comte soit de la partie; car il

est arrivé ce matin de mon château avec son précepteur que je vois là-dedans.

SCÈNE XVII.

LA COMTESSE, JULIE, LE VICOMTE, M. TIBAUDIER, M. BOBINET, CRIQUET.

LA COMTESSE.

Holà, monsieur Bobinet. Monsieur Bobinet, approchez-vous du monde.

M. BOBINET.

Je donne le bon vêpre[1] à toute l'honorable compagnie. Que desire madame la comtesse d'Escarbagnas de son très-humble serviteur Bobinet?

LA COMTESSE.

A quelle heure, monsieur Bobinet, êtes-vous parti d'Escarbagnas avec mon fils le comte?

M. BOBINET.

A huit heures trois quarts, madame, comme votre commandement me l'avoit ordonné.

LA COMTESSE.

Comment se portent mes deux autres fils, le marquis et le commandeur?

M. BOBINET.

Ils sont, Dieu grace, madame, en parfaite santé.

LA COMTESSE.

Où est le comte?

---

[1] *Vêpre.* Autrefois, dans la langue poétique, on employait les mots *vêpre* ou *vêprée*, pour exprimer *le soir*.

SCÈNE XIX.

M. BOBINET,

Dans votre belle chambre à alcove, madame.

LA COMTESSE.

Que fait-il, monsieur Bobinet?

M. BOBINET.

Il compose un thème, madame, que je viens de lui dicter sur une épître de Cicéron.

LA COMTESSE.

Faites-le venir, monsieur Bobinet.

M. BOBINET.

Soit fait, madame, ainsi que vous le commandez.

SCÈNE XVIII.

LA COMTESSE, JULIE, LE VICOMTE, M. TIBAUDIER.

LE VICOMTE, à la Comtesse.

Ce monsieur Bobinet, madame, a la mine fort sage; et je crois qu'il a de l'esprit.

SCÈNE XIX.

LA COMTESSE, JULIE, LE VICOMTE, LE COMTE, M. BOBINET, M. TIBAUDIER.

M. BOBINET.

Allons, monsieur le comte, faites voir que vous profitez des bons documents qu'on vous donne. La révérence à toute l'honnête assemblée.

LA COMTESSE, montrant Julie.

Comte, saluez madame, faites la révérence à monsieur le vicomte, saluez monsieur le conseiller.

M. TIBAUDIER.

Je suis ravi, madame, que vous me concédiez la grace d'embrasser monsieur le comte votre fils. On ne peut pas aimer le tronc, qu'on n'aime aussi les branches.

LA COMTESSE.

Mon dieu! monsieur Tibaudier, de quelle comparaison vous servez-vous là!

JULIE.

En vérité, madame, monsieur le comte a tout-à-fait bon air.

LE VICOMTE.

Voilà un jeune gentilhomme qui vient bien dans le monde.

JULIE.

Qui diroit que madame eût un si grand enfant?

LA COMTESSE.

Hélas! quand je le fis, j'étois si jeune, que je me jouois encore avec une poupée.

JULIE.

C'est monsieur votre frère, et non pas monsieur votre fils.

LA COMTESSE.

Monsieur Bobinet, ayez bien soin au moins de son éducation.

M. BOBINET.

Madame, je n'oublierai aucune chose pour cultiver cette jeune plante dont vos bontés m'ont fait l'honneur de me confier la conduite; et je tâcherai de lui inculquer les semences de la vertu.

LA COMTESSE.

Monsieur Bobinet, faites-lui un peu dire quelque petite galanterie de ce que vous lui apprenez.

M. BOBINET.

Allons, monsieur le comte, récitez votre leçon d'hier au matin.

LE COMTE.

Omne viro soli quod convenit, esto virile,
Omne vi...

LA COMTESSE.

Fi! monsieur Bobinet, quelles sottises est-ce que vous lui apprenez-là?

M. BOBINET.

C'est du latin, madame, et la première règle de Jean Despautère.

LA COMTESSE.

Mon dieu, ce Jean Despautère-là est un insolent, et je vous prie de lui enseigner du latin plus honnête que celui-là.

M. BOBINET.

Si vous voulez, madame, qu'il achève, la glose expliquera ce que cela veut dire.

LA COMTESSE.

Non, non, cela s'explique assez.

SCÈNE XX.

LA COMTESSE, JULIE, LE VICOMTE, M. TIBAUDIER, LE COMTE, M. BOBINET, CRIQUET.

CRIQUET.

Les comédiens envoient dire qu'ils sont tout prêts.

LA COMTESSE.

Allons nous placer. (Montrant Julie.) Monsieur Tibaudier, prenez madame.

(Criquet range tous les siéges sur un des côtés du théâtre ; la comtesse, Julie et le vicomte s'asseyent ; M. Tibaudier s'assied aux pieds de la comtesse.)

LE VICOMTE.

Il est nécessaire de dire que cette comédie n'a été faite que pour lier ensemble les différents morceaux de musique et de danse dont on a voulu composer ce divertissement, et que...

LA COMTESSE.

Mon dieu ! voyons l'affaire. On a assez d'esprit pour comprendre les choses.

LE VICOMTE.

Qu'on commence le plus tôt qu'on pourra ; et qu'on empêche, s'il se peut, qu'aucun fâcheux ne vienne troubler notre divertissement.

(Les violons commencent une ouverture.)

SCÈNE XXI.

LA COMTESSE, JULIE, LE VICOMTE,
LE COMTE, M. HARPIN, M. TIBAUDIER,
M. BOBINET, CRIQUET.

M. HARPIN.
Parbleu! la chose est belle; et je me réjouis de voir ce que je vois.

LA COMTESSE.
Holà! monsieur le receveur, que voulez-vous donc dire avec l'action que vous faites? Vient-on interrompre, comme cela, une comédie?

M. HARPIN.
Morbleu! madame, je suis ravi de cette aventure; et ceci me fait voir ce que je dois croire de vous, et l'assurance qu'il y a au don de votre cœur et aux serments que vous m'avez faits de sa fidélité.

LA COMTESSE.
Mais vraiment, on ne vient point ainsi se jeter au travers d'une comédie, et troubler un acteur qui parle.

M. HARPIN.
Hé! tête-bleu! la véritable comédie qui se fait ici c'est celle que vous jouez; et, si je vous trouble, c'est de quoi je me soucie peu.

LA COMTESSE.
En vérité, vous ne savez ce que vous dites.

M. HARPIN.

Si fait, morbleu! je le sais bien; je le sais bien, morbleu! et...

(M. Bobinet, épouvanté, emporte le comte, et s'enfuit; il est suivi par Criquet.)

LA COMTESSE.

Hé! fi, monsieur! que cela est vilain de jurer de la sorte!

M. HARPIN.

Hé! ventrebleu! s'il y a quelque chose de vilain, ce ne sont point mes jurements, ce sont vos actions; et il vaudroit bien mieux que vous jurassiez, vous, la tête, la mort, et le sang, que de faire ce que vous faites avec monsieur le vicomte.

LE VICOMTE.

Je ne sais pas, monsieur le receveur, de quoi vous vous plaignez; et si...

M. HARPIN, au vicomte.

Pour vous, monsieur, je n'ai rien à vous dire; vous faites bien de pousser votre pointe, cela est naturel. Je ne le trouve point étrange; et je vous demande pardon, si j'interromps votre comédie: mais vous ne devez point trouver étrange aussi que je me plaigne de son procédé; et nous avons raison tous deux de faire ce que nous faisons.

LE VICOMTE.

Je n'ai rien à dire à cela, et ne sais point les sujets de plaintes que vous pouvez avoir contre madame la comtesse d'Escarbagnas.

LA COMTESSE.

Quand on a des chagrins jaloux, on n'en use point de la sorte; et l'on vient doucement se plaindre à la personne que l'on aime.

SCÈNE XXI.

M. HARPIN.

Moi, me plaindre doucement?

LA COMTESSE.

Oui. L'on ne vient point crier de dessus un théâtre ce qui doit se dire en particulier.

M. HARPIN.

J'y viens, moi, morbleu! tout exprès : c'est le lieu qu'il me faut; et je souhaiterois que ce fût un théâtre public, pour vous dire avec plus d'éclat toutes vos vérités.

LA COMTESSE.

Faut-il faire un si grand vacarme pour une comédie que monsieur le vicomte me donne? Vous voyez que monsieur Tibaudier, qui m'aime, en use plus respectueusement que vous.

M. HARPIN.

Monsieur Tibaudier en use comme il lui plaît. Je ne sais pas de quelle façon monsieur Tibaudier a été avec vous; mais monsieur Tibaudier n'est pas un exemple pour moi, et je ne suis point d'humeur à payer les violons pour faire danser les autres.

LA COMTESSE.

Mais vraiment, monsieur le receveur, vous ne songez pas à ce que vous dites. On ne traite point de la sorte les femmes de qualité; et ceux qui vous entendent croiroient qu'il y a quelque chose d'étrange entre vous et moi.

M. HARPIN.

Hé! ventrebleu! madame, quittons la faribole.

LA COMTESSE.

Que voulez-vous donc, dire avec votre quittons la faribole?

M. HARPIN.

Je veux dire que je ne trouve point étrange que vous vous rendiez au mérite de monsieur le vicomte; vous n'êtes pas la première femme qui joue dans le monde de ces sortes de caractères, et qui ait auprès d'elle un monsieur le receveur, dont on lui voit trahir et la passion et la bourse pour le premier venu qui lui donnera dans la vue. Mais ne trouvez point étrange aussi que je ne sois point la dupe d'une infidélité si ordinaire aux coquettes du temps, et que je vienne vous assurer, devant bonne compagnie, que je romps commerce avec vous, et que monsieur le receveur ne sera plus pour vous monsieur le donneur.

LA COMTESSE.

Cela est merveilleux! Comme les amants emportés deviennent à la mode! On ne voit autre chose de tous côtés. Là, là, monsieur le receveur; quittez votre colère, et venez prendre place pour voir la comédie.

M. HARPIN.

Moi, morbleu! prendre place! (Montrant M. Tibaudier.) Cherchez vos benêts à vos pieds. Je vous laisse, madame la comtesse, à monsieur le vicomte; et ce sera à lui que j'enverrai tantôt vos lettres. Voilà ma scène faite, voilà mon rôle joué. Serviteur à la compagnie.

M. TIBAUDIER.

Monsieur le receveur, nous nous verrons autre part qu'ici, et je vous ferai voir que je suis au poil et à la plume.

M. HARPIN, en sortant.

Tu as raison, monsieur Tibaudier.

LA COMTESSE.

Pour moi, je suis confuse de cette insolence.

SCÈNE XXII.

LE VICOMTE.

Les jaloux, madame, sont comme ceux qui perdent leur procès; ils ont permission de tout dire. Prêtons silence à la comédie.

SCÈNE XXII.

LA COMTESSE, LE VICOMTE, JULIE,
M. TIBAUDIER, JEANNOT.

JEANNOT, au vicomte.

Voilà un billet, monsieur, qu'on nous a dit de vous donner vite.

LE VICOMTE, lisant.

« En cas que vous ayez quelque mesure à prendre, je
« vous envoie promptement un avis. La querelle de vos
« parents et de ceux de Julie vient d'être accommodée;
« et les conditions de cet accord, c'est le mariage de vous
« et d'elle. Bonsoir. »

(A Julie.)

Ma foi, madame, voilà notre comédie achevée aussi.

(Le vicomte, la comtesse, Julie, et M. Tibaudier, se lèvent.),

JULIE.

Ah! Cléante, quel bonheur! Notre amour eût-il osé espérer un si heureux succès?

LA COMTESSE.

Comment donc! Qu'est-ce que cela veut dire?

LE VICOMTE.

Cela veut dire, madame, que j'épouse Julie: et, si vous m'en croyez, pour rendre la comédie complète de tout point, vous épouserez monsieur Tibaudier, et donnerez mademoiselle Andrée à son laquais, dont il fera son valet de chambre.

LA COMTESSE.

Quoi! jouer de la sorte une personne de ma qualité!

LE VICOMTE.

C'est sans vous offenser, madame; et les comédies veulent de ces sortes de choses.

LA COMTESSE.

Oui, monsieur Tibaudier, je vous épouse pour faire enrager tout le monde.

M. TIBAUDIER.

Ce m'est bien de l'honneur, madame.

LE VICOMTE, à la Comtesse.

Souffrez, madame, qu'en enrageant nous puissions voir ici le reste du spectacle.

FIN DE LA COMTESSE D'ESCARBAGNAS.

LE MALADE

IMAGINAIRE,

COMÉDIE-BALLET

EN TROIS ACTES ET EN PROSE,

Représentée à Paris, sur le théâtre du Palais-Royal, le vendredi 10 février 1673.

PERSONNAGES DE LA COMÉDIE.

ARGAN, malade imaginaire.
BÉLINE, seconde femme d'Argan.
ANGÉLIQUE, fille d'Argan.
LOUISON, petite fille, sœur d'Angélique.
BÉRALDE, frère d'Argan.
CLÉANTE, amant d'Angélique.
Monsieur DIAFOIRUS, médecin.
THOMAS DIAFOIRUS, fils de M. Diafoirus.
Monsieur PURGON, médecin.
Monsieur FLEURANT, apothicaire.
Monsieur DE BONNEFOI, notaire.
TOINETTE, servante d'Argan.

PERSONNAGES DU PROLOGUE.

FLORE.
DEUX ZÉPHYRS dansants.
CLIMÈNE.
DAPHNÉ.
TIRCIS, amant de Climène, chef d'une troupe de bergers.
DORILAS, amant de Daphné, chef d'une troupe de bergers.
BERGERS et BERGÈRES de la suite de Tircis, chantants et dansants.
BERGERS et BERGÈRES de la suite de Dorilas, chantants et dansants.

PERSONNAGES.

PAN.
FAUNES dansants.

PERSONNAGES DES INTERMÈDES.

DANS LE PREMIER ACTE.

POLICHINELLE.
UNE VIEILLE.
VIOLONS.
ARCHERS chantants et dansants.

DANS LE SECOND ACTE.

UNE ÉGYPTIENNE chantante.
UN ÉGYPTIEN chantant.
ÉGYPTIENS ET ÉGYPTIENNES chantants et dansants.
TAPISSIERS dansants.

DANS LE TROISIÈME ACTE.

LE PRÉSIDENT de la faculté de médecine.
DOCTEURS.
ARGAN, bachelier.
APOTHICAIRES avec leurs mortiers et leurs pilons.
PORTE-SERINGUES.
CHIRURGIENS.

La scène est à Paris.

PROLOGUE.

Le théâtre représente un lieu champêtre.

SCÈNE I.

FLORE; DEUX ZÉPHYRS dansants.

FLORE.

Quittez, quittez vos troupeaux,
Venez, bergers; venez, bergères;
Accourez, accourez sous ces tendres ormeaux;
Je viens vous annoncer des nouvelles bien chères,
Et réjouir tous ces hameaux.
Quittez, quittez vos troupeaux,
Venez, bergers; venez, bergères;
Accourez, accourez sous ces tendres ormeaux.

SCÈNE II.

FLORE; DEUX ZÉPHYRS dansants; CLIMÈNE, DAPHNÉ, TIRCIS, DORILAS.

CLIMÈNE à Tircis, et DAPHNÉ à Dorilas.

Berger, laissons là tes feux;
Voilà Flore qui nous appelle.

TIRCIS à Climène, et DORILAS à Daphné.

Mais au moins, dis-moi, cruelle,

PROLOGUE.

TIRCIS.

Si d'un peu d'amitié tu paieras mes vœux.

DORILAS.

Si tu seras sensible à mon ardeur fidèle.

CLIMÈNE ET DAPHNÉ.

Voilà Flore qui nous appelle.

TIRCIS ET DORILAS.

Ce n'est qu'un mot, un mot, un seul mot que je veux.

TIRCIS.

Languirai-je toujours dans ma peine mortelle?

DORILAS.

Puis-je espérer qu'un jour tu me rendras heureux?

CLIMÈNE ET DAPHNÉ.

Voilà Flore qui nous appelle.

SCÈNE IV.

FLORE, DEUX ZÉPHYRS dansants; CLIMÈNE, DAPHNÉ, TIRCIS, DORILAS, BERGERS et BERGÈRES, de la suite de Tircis et de Dorilas, chantants et dansants.

PREMIÈRE ENTRÉE DE BALLET.

(Les bergers et les bergères vont se placer en cadence autour de Flore.)

CLIMÈNE.

Quelle nouvelle parmi nous,
Déesse, doit jeter tant de réjouissance?

DAPHNÉ.

Nous brûlons d'apprendre de vous

PROLOGUE. 45

Cette nouvelle d'importance.
DORILAS.
D'ardeur nous en soupirons tous.
CLIMÈNE, DAPHNÉ, TIRCIS, DORILAS.
Nous en mourons d'impatience.
FLORE.
La voici : silence, silence.
Vos vœux sont exaucés, Louis est de retour ;
Il ramène en ces lieux les plaisirs et l'amour,
Et vous voyez finir vos mortelles alarmes.
Par ses vastes exploits son bras voit tout soumis ;
    Il quitte les armes
    Faute d'ennemis.
CHOEUR.
Ah ! quelle douce nouvelle !
Qu'elle est grande, qu'elle est belle !
Que de plaisirs ! que de ris ! que de jeux !
    Que de succès heureux !
Et que le ciel a bien rempli nos vœux !
    Ah ! quelle douce nouvelle !
Qu'elle est grande ! qu'elle est belle !

DEUXIÈME ENTRÉE DE BALLET.

(Les bergers et les bergères expriment par leurs danses les transports de leur joie.)

FLORE.
De vos flûtes bocagères
Réveillez les plus beaux sons ;
Louis offre à vos chansons
La plus belle des matières.

Après cent combats
Où cueille son bras
Une ample victoire,
Formez entre vous
Cent combats plus doux
Pour chanter sa gloire.

CHOEUR.

Formons entre nous
Cent combats plus doux
Pour chanter sa gloire.

FLORE.

Mon jeune amant, dans ce bois,
Des présents de mon empire
Prépare un prix à la voix
Qui saura le mieux nous dire
Les vertus et les exploits
Du plus auguste des rois.

CLIMÈNE.

Si Tircis a l'avantage,

DAPHNÉ.

Si Dorilas est vainqueur,

CLIMÈNE.

A le chérir je m'engage.

DAPHNÉ.

Je me donne à son ardeur.

TIRCIS.

O trop chère espérance !

DORILAS.

O mot plein de douceur !

TIRCIS ET DORILAS.

Plus beau sujet, plus belle récompense,
Peuvent-ils animer un cœur ?

(Tandis que les violons jouent un air pour animer les deux bergers au combat, Flore, comme juge, va se placer au pied d'un arbre qui est au milieu du théâtre : les deux troupes de bergers et de bergères se placent chacune du côté de leur chef.)

TIRCIS.

Quand la neige fondue enfle un torrent fameux,
Contre l'effort soudain de ses flots écumeux
    Il n'est rien d'assez solide ;
    Digues, châteaux, villes et bois,
    Hommes et troupeaux à la fois,
    Tout cède au courant qui le guide:
    Tel, et plus fier et plus rapide,
    Marche Louis dans ses exploits.

TROISIÈME ENTRÉE DE BALLET.

(Les bergers et les bergères de la suite de Tircis dansent autour de lui pour exprimer leurs applaudissements.)

DORILAS.

Le foudre menaçant qui perce avec fureur
L'affreuse obscurité de la nue enflammée,
    Fait d'épouvante et d'horreur
    Trembler le plus ferme cœur :
    Mais, à la tête d'une armée,
    Louis jette plus de terreur.

QUATRIÈME ENTRÉE DE BALLET.

(Les bergers et les bergères de la suite de Dorilas applaudissent à ses chants en dansant autour de lui.)

TIRCIS.

Des fabuleux exploits que la Grèce a chantés,

Par un brillant amas de belles vérités,
 Nous voyons la gloire effacée ;
 Et tous ces fameux demi-dieux
 Que vante l'histoire passée,
 Ne sont point à notre pensée
 Ce que Louis est à nos yeux.

CINQUIÈME ENTRÉE DE BALLET.

(Les bergers et les bergères du côté de Tircis recommencent leurs danses.)

DORILAS.

Louis fait à nos temps, par ses faits inouïs,
Croire tous les beaux faits que nous chante l'histoire
 Des siècles évanouis ;
 Mais nos neveux, dans leur gloire,
 N'auront rien qui fasse croire
 Tous les beaux faits de Louis.

SIXIÈME ENTRÉE DE BALLET.

(Les bergers et les bergères du côté de Dorilas recommencent aussi leurs danses.)

SEPTIÈME ENTRÉE DE BALLET.

(Les bergers et les bergères de la suite de Tircis et de Dorilas se mêlent et dansent ensemble.)

SCÈNE IV.

FLORE, PAN, DEUX ZÉPHYRS dansants; CLIMÈNE, DAPHNÉ, TIRCIS, DORILAS, FAUNES dansants; BERGERS et BERGÈRES chantants et dansants.

PAN.

Laissez, laissez, bergers, ce dessein téméraire.
Hé! que voulez-vous faire?
Chanter sur vos chalumeaux
Ce qu'Apollon sur sa lyre,
Avec ses chants les plus beaux,
N'entreprendroit pas de dire?
C'est donner trop d'essor au feu qui vous inspire;
C'est monter vers les cieux sur des ailes de cire,
Pour tomber dans le fond des eaux.
Pour chanter de Louis l'intrépide courage
Il n'est point d'assez docte voix,
Point de mots assez grands pour en tracer l'image:
Le silence est le langage
Qui doit louer ses exploits.
Consacrez d'autres soins à sa pleine victoire;
Vos louanges n'ont rien qui flatte ses desirs,
Laissez, laissez là sa gloire,
Ne songez qu'à ses plaisirs.

CHOEUR.

Laissons, laissons là sa gloire,
Ne songeons qu'à ses plaisirs.

FLORE, à Tircis et à Dorilas.

Bien que pour étaler ses vertus immortelles,

La force manque à vos esprits,
Ne laissez pas tous deux de recevoir le prix.
Dans les choses grandes et belles,
Il suffit d'avoir entrepris.

HUITIÈME ENTRÉE DE BALLET.

(Les deux Zéphyrs dansent avec deux couronnes de fleurs à la main, qu'ils viennent donner ensuite à Tircis et à Dorilas.)

CLIMÈNE ET DAPHNÉ, *donnant la main à leurs amants.*
Dans les choses grandes et belles,
Il suffit d'avoir entrepris.

TIRCIS ET DORILAS.
Ah! que d'un doux succès notre audace est suivie!

FLORE ET PAN.
Ce qu'on fait pour Louis on ne le perd jamais.

CLIMÈNE, DAPHNÉ, TIRCIS, DORILAS.
Au soin de ses plaisirs donnons-nous désormais.

FLORE ET PAN.
Heureux, heureux qui peut lui consacrer sa vie!

CHOEUR.
Joignons tous dans ces bois
Nos flûtes et nos voix,
Ce jour nous y convie;
Et faisons aux échos redire mille fois
Louis est le plus grand des rois:
Heureux, heureux qui peut lui consacrer sa vie!

NEUVIÈME ENTRÉE DE BALLET.

(Les faunes, les bergers et les bergères se mêlent ensemble: il se fait entre eux des jeux de danse, après quoi ils se vont préparer pour la comédie.)

AUTRE PROLOGUE.

UNE BERGÈRE chantante.

Votre plus haut savoir n'est que pure chimère,
    Vains et peu sages médecins;
Vous ne pouvez guérir par vos grands mots latins
    La douleur qui me désespère.
Votre plus haut savoir n'est que pure chimère.
    Hélas ! hélas ! je n'ose découvrir
        Mon amoureux martyre
        Au berger pour qui je soupire,
        Et qui seul peut me secourir.
        Ne prétendez pas le finir.
Ignorants médecins, vous ne sauriez le faire :
Votre plus haut savoir n'est que pure chimère.
Ces remèdes peu sûrs, dont le simple vulgaire
Croit que vous connoissez l'admirable vertu,
Pour les maux que je sens n'ont rien de salutaire;
Et tout votre caquet ne peut être reçu
    Que d'un malade imaginaire.
Votre plus haut savoir n'est que pure chimère.

FIN DES PROLOGUES.

LE MALADE IMAGINAIRE.

ACTE PREMIER.

Le théâtre représente la chambre d'Argan.

SCÈNE I.

ARGAN *assis, ayant une table devant lui, comptant avec des jetons les parties de son apothicaire.*

Trois et deux font cinq, et cinq font dix, et dix font vingt. Trois et deux font cinq. *Plus, du vingt-quatrième, un petit clystère insinuatif, préparatif et rémollient, pour amolir, humecter et rafraîchir les entrailles de monsieur...* Ce qui me plaît de M. Fleurant, mon apothicaire, c'est que ses parties sont toujours fort civiles. *Les entrailles de monsieur, trente sous.* Oui : mais, monsieur Fleurant, ce n'est pas tout que d'être civil, il faut être aussi raisonnable, et ne pas écorcher les malades. Trente sous un lavement! Je suis votre serviteur, je vous l'ai déja dit; vous ne me les avez mis dans les autres parties qu'à vingt sous, et vingt sous en langage d'apothicaire c'est-à-dire dix sous. Les voilà, dix sous.

Plus, dudit jour, un bon clystère détersif, composé avec catholicon double, rhubarbe, miel rosat, et autres, suivant l'ordonnance, pour balayer, laver et nettoyer le bas-ventre de monsieur, trente sous. Avec votre permission, dix sous. *Plus, dudit jour, le soir, un julep hépathique, soporatif, somnifère, composé pour faire dormir monsieur, trente-cinq sous.* Je ne me plains pas de celui-là, car il me fit bien dormir. Dix, quinze, seize et dix-sept sous six deniers. *Plus, du vingt-cinquième, une bonne médecine purgative et corroborative, composée de casse récente avec séné levantin, et autres, suivant l'ordonnance de monsieur Purgon, pour expulser et évacuer la bile de monsieur, quatre livres.* Ah! monsieur Fleurant, c'est se moquer; il faut vivre avec les malades. Monsieur Purgon ne vous a pas ordonné de mettre quatre francs : mettez, mettez trois livres, s'il vous plaît. Vingt et trente sous. *Plus, dudit jour, une potion anodyne et astringente pour faire reposer monsieur, trente sous.* Bon, dix et quinze sous. *Plus, du vingt-sixième, un clystère carminatif, pour chasser les vents de monsieur, trente sous.* Dix sous, monsieur Fleurant. *Plus, le clystère de monsieur, réitéré le soir, comme dessus, trente sous.* Monsieur Fleurant, dix sous. *Plus, du vingt-septième, une bonne médecine, composée pour hâter d'aller, et chasser dehors les mauvaises humeurs de monsieur, trois livres.* Bon, vingt et trente sous; je suis bien aise que vous soyez raisonnable. *Plus, du vingt-huitième, une prise de petit-lait clarifié et dulcoré, pour adoucir, lénifier, tempérer et rafraîchir le sang de monsieur, vingt sous.* Bon, dix sous. *Plus,*

ACTE I, SCÈNE I.

une potion cordiale et préservative, composée avec douze grains de bézoard, sirop de limon et grenade, et autres, suivant l'ordonnance, cinq livres. Ah! monsieur Fleurant, tout doux, s'il vous plaît; si vous en usez comme cela, on ne voudra plus être malade : contentez-vous de quatre francs. *Et vingt et quarante sous.* Trois et deux font cinq, et cinq font dix, et dix font vingt. Soixante et trois livres quatre sous six deniers. Si bien donc que, de ce mois, j'ai pris une, deux, trois, quatre, cinq, six, sept, huit médecines; et un, deux, trois, quatre, cinq, six, sept, huit, neuf, dix, onze et douze lavements; et l'autre mois il y avoit douze médecines et vingt lavements. Je ne m'étonne pas si je ne me porte pas si bien ce mois-ci que l'autre. Je le dirai à monsieur Purgon, afin qu'il mette ordre à cela. Allons, qu'on m'ôte tout ceci. (*Voyant que personne ne vient, et qu'il n'y a aucun de ses gens dans sa chambre.*) Il n'y a personne? J'ai beau dire, on me laisse toujours seul; il n'y a pas moyen de les arrêter ici. (*Après avoir sonné une sonnette qui est sur sa table.*) Ils n'entendent point, et ma sonnette ne fait pas assez de bruit. (*Après avoir sonné pour la deuxième fois.*) Point d'affaire. (*Après avoir sonné encore.*) Ils sont sourds. Toinette! (*Après avoir fait le plus de bruit qu'il peut avec sa sonnette.*) Tout comme si je ne sonnois point. Chienne! coquine! (*Voyant qu'il sonne encore inutilement.*) J'enrage. Drelin, drelin, drelin. Carogne, à tous les diables! Est-il possible qu'on laisse comme cela un pauvre malade tout seul? Drelin, drelin, drelin. Voilà qui est pitoyable. Drelin, drelin, drelin. Ah! mon dieu! ils me laisseront ici mourir. Drelin, drelin, drelin.

SCÈNE II.

ARGAN, TOINETTE.

TOINETTE, en entrant.

On y va.

ARGAN.

Ah! chienne! Ah! carogne!

TOINETTE, faisant semblant de s'être cogné la tête.

Diantre soit de votre impatience! vous pressez si fort les personnes, que je me suis donné un grand coup à la tête contre la carne d'un volet.

ARGAN, en colère.

Ah! traîtresse!

TOINETTE, interrompant Argan.

Ah!

ARGAN.

Il y a...

TOINETTE.

Ah!

ARGAN.

Il y a une heure.

TOINETTE.

Ah!

ARGAN.

Tu m'as laissé...

TOINETTE.

Ah!

ACTE I, SCÈNE II.

ARGAN.

Tais-toi donc, coquine, que je te querelle.

TOINETTE.

Çà-mon, ma foi, j'en suis d'avis, après ce que je me suis fait.

ARGAN.

Tu m'as fait égosiller, carogne.

TOINETTE.

Et vous m'avez fait, vous, casser la tête. L'un vaut bien l'autre; quitte à quitte, si vous voulez.

ARGAN.

Quoi! coquine...

TOINETTE.

Si vous querellez, je pleurerai.

ARGAN.

Me laisser, traîtresse!

TOINETTE, interrompant encore Argan.

Ah!

ARGAN.

Chienne, tu veux...

TOINETTE.

Ah!

ARGAN.

Quoi! il faudra encore que je n'aie pas le plaisir de la quereller!

TOINETTE.

Querellez tout votre soûl, je le veux bien.

ARGAN.

Tu m'en empêches, chienne, en m'interrompant à tout coup.

TOINETTE.

Si vous avez le plaisir de quereller, il faut bien que de mon côté j'aie le plaisir de pleurer: chacun le sien, ce n'est pas trop. Ah!

ARGAN.

Allons, il faut en passer par-là. Ote-moi ceci, coquine, ôte-moi ceci. (Après s'être levé.) Mon lavement d'aujourd'hui a-t-il bien opéré?

TOINETTE.

Votre lavement?

ARGAN.

Oui. Ai-je bien fait de la bile.

TOINETTE.

Ma foi, je ne me mêle point de ces affaires-là. C'est à monsieur Fleurant à y mettre le nez, puisqu'il en a le profit.

ARGAN.

Qu'on ait soin de me tenir un bouillon prêt, pour l'autre que je dois tantôt prendre.

TOINETTE.

Ce monsieur Fleurant-là et ce monsieur Purgon s'égaient bien sur votre corps: ils ont en vous une bonne vache à lait: et je voudrois bien leur demander quel mal vous avez, pour faire tant de remèdes.

ARGAN.

Taisez-vous, ignorante; ce n'est pas à vous à contrôler les ordonnances de la médecine. Qu'on me fasse venir ma fille Angélique, j'ai à lui dire quelque chose.

TOINETTE.

La voici qui vient d'elle-même; elle a deviné votre pensée.

SCÈNE III.

ARGAN, ANGÉLIQUE, TOINETTE.

ARGAN.

Approchez, Angélique, vous venez à propos, je voulois vous parler.

ANGÉLIQUE.

Me voilà prête à vous ouïr.

ARGAN.

Attendez. (A Toinette.) Donnez-moi mon bâton, je vais revenir tout à l'heure.

TOINETTE.

Allez vite, monsieur, allez. Monsieur Fleurant nous donne des affaires.

SCÈNE IV.

ANGÉLIQUE, TOINETTE.

ANGÉLIQUE.

Toinette!

TOINETTE.

Quoi?

ANGÉLIQUE.

Regarde-moi un peu.

TOINETTE.

Hé bien! je vous regarde.

ANGÉLIQUE.

Toinette!

TOINETTE.

Hé bien! quoi! Toinette?

ANGÉLIQUE.

Ne devines-tu point de quoi je veux parler?

TOINETTE.

Je m'en doute assez : de notre jeune amant; car c'est sur lui, depuis six jours, que roulent tous nos entretiens; et vous n'êtes point bien, si vous n'en parlez à toute heure.

ANGÉLIQUE.

Puisque tu connois cela, que n'es-tu donc la première à m'en entretenir? Et que ne m'épargnes-tu la peine de te jeter sur ce discours?

TOINETTE.

Vous ne m'en donnez pas le temps; et vous avez des soins, là-dessus, qu'il est difficile de prévenir.

ANGÉLIQUE.

Je t'avoue que je ne saurois me lasser de te parler de lui, et que mon cœur profite avec chaleur de tous les moments de s'ouvrir à toi. Mais, dis-moi, condamnes-tu, Toinette, les sentiments que j'ai pour lui?

TOINETTE.

Je n'ai garde.

ANGÉLIQUE.

Ai-je tort de m'abandonner à ces douces impressions?

TOINETTE.

Je ne dis pas cela.

ANGÉLIQUE.

Et voudrois-tu que je fusse insensible aux tendres protestations de cette passion ardente qu'il témoigne pour moi?

ACTE I, SCÈNE IV.

TOINETTE.

A Dieu ne plaise !

ANGÉLIQUE.

Dis-moi un peu ; ne trouves-tu pas, comme moi, quelque chose du ciel, quelque effet du destin, dans l'aventure inopinée de notre connoissance ?

TOINETTE.

Oui.

ANGÉLIQUE.

Ne trouves-tu pas que cette action d'embrasser ma défense sans me connoître est tout-à-fait d'un honnête homme ?

TOINETTE.

Oui.

ANGÉLIQUE.

Que l'on ne peut pas en user plus généreusement ?

TOINETTE.

D'accord.

ANGÉLIQUE.

Et qu'il fit tout cela de la meilleure grace du monde ?

TOINETTE.

Oh ! oui.

ANGÉLIQUE.

Ne trouves-tu pas, Toinette, qu'il est bien fait de personne ?

TOINETTE.

Assurément.

ANGÉLIQUE.

Qu'il a le meilleur air du monde ?

TOINETTE.

Sans doute.

ANGÉLIQUE.

Que ses discours, comme ses actions, ont quelque chose de noble?

TOINETTE.

Cela est sûr.

ANGÉLIQUE.

Qu'on ne peut rien entendre de plus passionné que tout ce qu'il me dit?

TOINETTE.

Il est vrai.

ANGÉLIQUE.

Et qu'il n'est rien de plus fâcheux que la contrainte où l'on me tient, qui bouche tout commerce aux doux empressements de cette mutuelle ardeur que le ciel nous inspire?

TOINETTE.

Vous avez raison.

ANGÉLIQUE.

Mais, ma pauvre Toinette, crois-tu qu'il m'aime autant qu'il me le dit?

TOINETTE.

Hé! hé! ces choses-là, parfois, sont un peu sujettes à caution. Les grimaces d'amour ressemblent fort à la vérité; et j'ai vu de grands comédiens là-dessus.

ANGÉLIQUE.

Ah! Toinette, que dis-tu là? Hélas! de la façon qu'il parle, seroit-il bien possible qu'il ne me dit pas vrai?

TOINETTE.

En tout cas, vous en serez bientôt éclaircie; et la résolution où il vous écrivit hier qu'il étoit de vous faire demander en mariage est une prompte voie à vous faire connoître s'il vous dit vrai ou non. C'en sera la bonne preuve.

ANGÉLIQUE.

Ah! Toinette, si celui-là me trompe, je ne croirai de ma vie aucun homme.

TOINETTE.

Voilà votre père qui revient.

SCÈNE V.

ARGAN, ANGÉLIQUE, TOINETTE.

ARGAN.

Or çà, ma fille, je vais vous dire une nouvelle, où peut-être vous ne vous attendez pas. On vous demande en mariage... Qu'est-ce que cela? vous riez? Cela est plaisant, oui, ce mot de mariage; il n'est rien de plus drôle pour les jeunes filles. Ah! nature! nature! A ce que je puis voir, ma fille, je n'ai que faire de vous demander si vous voulez bien vous marier.

ANGÉLIQUE.

Je dois faire, mon père, tout ce qu'il vous plaira de m'ordonner.

ARGAN.

Je suis bien aise d'avoir une fille obéissante : la chose est donc conclue, et je vous ai promise.

ANGÉLIQUE.

C'est à moi, mon père, de suivre aveuglement toutes vos volontés.

ARGAN.

Ma femme, votre belle-mère, avoit envie que je vous fisse religieuse, et votre petite sœur Louison aussi ; et, de tout temps, elle a été aheurtée à cela.

TOINETTE, à part.

La bonne bête a ses raisons.

ARGAN.

Elle ne vouloit point consentir à ce mariage; mais je l'ai emporté, et ma parole est donnée.

ANGÉLIQUE.

Ah! mon père, que je vous suis obligée de toutes vos bontés!

TOINETTE, à Argan.

En vérité, je vous sais bon gré de cela; et voilà l'action la plus sage que vous ayez faite de votre vie.

ARGAN.

Je n'ai point encore vu la personne, mais on m'a dit que j'en serois content, et toi aussi.

ANGÉLIQUE.

Assurément, mon père.

ARGAN.

Comment! l'as-tu vu?

ANGÉLIQUE.

Puisque votre consentement m'autorise à vous pouvoir ouvrir mon cœur, je ne feindrai point de vous dire que le hasard nous a fait connoître il y a six jours, et que la demande qu'on vous a faite est un effet de l'inclination que, dès cette première vue, nous avons prise l'un pour l'autre.

ARGAN.

Ils ne m'ont pas dit cela; mais j'en suis bien aise, et

ACTE I, SCÈNE V.

c'est tant mieux que les choses soient de la sorte. Ils disent que c'est un grand jeune garçon bien fait.

ANGÉLIQUE.

Oui, mon père.

ARGAN.

De belle taille.

ANGÉLIQUE.

Sans doute.

ARGAN.

Agréable de sa personne.

ANGÉLIQUE.

Assurément.

ARGAN.

De bonne physionomie.

ANGÉLIQUE.

Très-bonne.

ARGAN.

Sage et bien né.

ANGÉLIQUE.

Tout-à-fait.

ARGAN.

Fort honnête.

ANGÉLIQUE.

Le plus honnête du monde.

ARGAN.

Qui parle bien latin et grec.

ANGÉLIQUE.

C'est ce que je ne sais pas.

ARGAN.

Et qui sera reçu médecin dans trois jours.

ANGÉLIQUE.

Lui, mon père?

ARGAN.

Oui. Est-ce qu'il ne te l'a pas dit?

ANGÉLIQUE.

Non, vraiment. Qui vous l'a dit à vous?

ARGAN.

Monsieur Purgon.

ANGÉLIQUE.

Est-ce que monsieur Purgon le connoît?

ARGAN.

La belle demande! il faut bien qu'il le connoisse, puisque c'est son neveu.

ANGÉLIQUE.

Cléante, neveu de monsieur Purgon?

ARGAN.

Quel Cléante? Nous parlons de celui pour qui l'on t'a demandée en mariage.

ANGÉLIQUE.

Hé! oui.

ARGAN.

Hé bien! c'est le neveu de monsieur Purgon, qui est le fils de son beau-frère le médecin, monsieur Diafoirus; et ce fils s'appelle Thomas Diafoirus, et non pas Cléante. Nous avons conclu ce mariage-là ce matin, monsieur Purgon, monsieur Fleurant, et moi; et demain ce gendre prétendu me doit être amené par son père... Qu'est-ce? vous voilà toute ébaubie!

ANGÉLIQUE.

C'est, mon père, que je connois que vous avez parlé d'une personne, et que j'en ai entendu une autre.

ACTE I, SCÈNE V.

TOINETTE.

Quoi! monsieur, vous auriez fait ce dessein burlesque, et avec tout le bien que vous avez, vous voudriez marier votre fille avec un médecin?

ARGAN.

Oui. De quoi te mêles-tu, coquine, impudente que tu es.

TOINETTE.

Mon dieu! tout doux. Vous allez d'abord aux invectives. Est-ce que nous ne pouvons pas raisonner ensemble sans nous emporter? Là, parlons de sang froid. Quelle est votre raison, s'il vous plaît, pour un tel mariage?

ARGAN.

Ma raison est que, me voyant infirme et malade comme je suis, je veux me faire un gendre et des alliés médecins, afin de m'appuyer de bons secours contre ma maladie, d'avoir dans ma famille les sources des remèdes qui me sont nécessaires, et d'être à même des consultations et des ordonnances.

TOINETTE.

Hé bien! voilà dire une raison, et il y a plaisir à se répondre doucement les uns aux autres. Mais, monsieur, mettez la main à la conscience: est-ce que vous êtes malade?

ARGAN.

Comment, coquine! si je suis malade! Si je suis malade, impudente!

TOINETTE.

Hé bien! oui, monsieur, vous êtes malade, n'ayons point de querelle là-dessus. Oui, vous êtes fort malade, j'en demeure d'accord, et plus malade que vous ne pensez, voilà qui est fait. Mais votre fille doit épouser un mari pour elle ; et, n'étant point malade, il n'est pas nécessaire de lui donner un médecin.

ARGAN.

C'est pour moi que je lui donne ce médecin ; et une fille de bon naturel doit être ravie d'épouser ce qui est utile à la santé de son père.

TOINETTE.

Ma foi, monsieur, voulez-vous qu'en amie je vous donne un conseil?

ARGAN.

Quel est-il ce conseil?

TOINETTE.

De ne point songer à ce mariage-là.

ARGAN.

Et la raison?

TOINETTE.

La raison, c'est que votre fille n'y consentira point.

ARGAN.

Elle n'y consentira point?

TOINETTE.

Non.

ARGAN.

Ma fille?

TOINETTE.

Votre fille. Elle vous dira qu'elle n'a que faire de monsieur Diafoirus, ni de son fils Thomas Diafoirus, ni de tous les Diafoirus du monde.

ARGAN.

J'en ai affaire, moi, outre que le parti est plus avantageux qu'on ne pense : monsieur Diafoirus n'a que ce fils-là pour tout héritier; et, de plus, monsieur Purgon, qui n'a ni femme ni enfants, lui donne tout son bien en faveur de ce mariage; et monsieur Purgon est un homme qui a huit mille livres de rente.

TOINETTE.

Il faut qu'il ait tué bien des gens, pour s'être fait si riche.

ARGAN.

Huit mille livres de rente sont quelque chose, sans compter le bien du père.

TOINETTE.

Monsieur, tout cela est bel et bon : mais j'en reviens toujours là; je vous conseille, entre nous, de lui choisir un autre mari; et elle n'est point faite pour être madame Diafoirus.

ARGAN.

Et je veux, moi, que cela soit.

TOINETTE.

Hé! fi! ne dites pas cela.

ARGAN.

Comment! que je ne dise pas cela?

TOINETTE.

Hé! non.

ARGAN.

Et pourquoi ne le dirai-je pas?

TOINETTE.

On dira que vous ne songez pas à ce que vous dites.

ARGAN.

On dira ce qu'on voudra; mais je vous dis que je veux qu'elle exécute la parole que j'ai donnée.

TOINETTE.

Non, je suis sûre qu'elle ne le fera pas.

ARGAN.

Je l'y forcerai bien.

TOINETTE.

Elle ne le fera pas, vous dis-je.

ARGAN.

Elle le fera, ou je la mettrai dans un couvent.

TOINETTE.

Vous?

ARGAN.

Moi.

TOINETTE.

Bon!

ARGAN.

Comment, bon?

TOINETTE.

Vous ne la mettrez point dans un couvent.

ARGAN.

Je ne la mettrai point dans un couvent?

TOINETTE.

Non.

ARGAN.

Non?

TOINETTE.

Non.

ARGAN.

Ouais, voici qui est plaisant. Je ne mettrai pas ma fille dans un couvent, si je veux?

TOINETTE.

Non, vous dis-je.

ACTE I, SCÈNE V.

ARGAN.

Qui m'en empêchera ?

TOINETTE.

Vous-même.

ARGAN.

Moi ?

TOINETTE.

Oui, vous n'aurez pas ce cœur-là.

ARGAN.

Je l'aurai.

TOINETTE.

Vous vous moquez.

ARGAN.

Je ne me moque point.

TOINETTE.

La tendresse paternelle vous prendra.

ARGAN.

Elle ne me prendra point.

TOINETTE.

Une petite larme ou deux ; des bras jetés au cou ; un mon petit papa mignon, prononcé tendrement, sera assez pour vous toucher.

ARGAN.

Tout cela ne fera rien.

TOINETTE.

Oui, oui.

ARGAN.

Je vous dis que je n'en démordrai point.

TOINETTE.

Bagatelles.

ARGAN.

Il ne faut point dire, Bagatelles.

TOINETTE.

Mon dieu! je vous connois, vous êtes bon naturellement.

ARGAN, avec emportement.

Je ne suis point bon, et je suis méchant quand je veux.

TOINETTE.

Doucement, monsieur; vous ne songez pas que vous êtes malade.

ARGAN.

Je lui commande absolument de se préparer à prendre le mari que je dis.

TOINETTE.

Et moi, je lui défends absolument d'en faire rien.

ARGAN.

Où est-ce donc que nous sommes? Et quelle audace est-ce là à une coquine de servante de parler de la sorte devant son maître?

TOINETTE.

Quand un maître ne songe pas à ce qu'il fait, une servante bien sensée est en droit de le redresser.

ARGAN, courant après Toinette.

Ah! insolente, il faut que je t'assomme.

TOINETTE, évitant Argan, et mettant la chaise entre elle et lui.

Il est de mon devoir de m'opposer aux choses qui vous peuvent déshonorer.

ARGAN, courant après Toinette autour de la chaise avec son bâton.

Viens, viens, que je t'apprenne à parler!

ACTE I, SCÈNE V.

TOINETTE, *se sauvant du côté où n'est point Argan.*

Je m'intéresse, comme je dois, à ne vous point laisser faire de folie.

ARGAN, *de même.*

Chienne !

TOINETTE, *de même.*

Non, je ne consentirai jamais à ce mariage.

ARGAN, *de même.*

Pendarde !

TOINETTE, *de même.*

Je ne veux point qu'elle épouse votre Thomas Diafoirus.

ARGAN, *de même.*

Carogne !

TOINETTE, *de même.*

Elle m'obéira plutôt qu'à vous.

ARGAN, *s'arrêtant.*

Angélique, tu ne veux point m'arrêter cette coquine-là.

ANGÉLIQUE.

Hé ! mon père, ne vous faites point malade.

ARGAN, *à Angélique.*

Si tu ne me l'arrêtes, je te donnerai ma malédiction.

TOINETTE, *en s'en allant.*

Et moi, je la déshériterai, si elle vous obéit.

ARGAN, *se jetant dans sa chaise.*

Ah ! ah ! je n'en puis plus. Voilà pour me faire mourir.

SCÈNE VI.

BÉLINE, ARGAN.

ARGAN.

Ah! ma femme, approchez.

BÉLINE.

Qu'avez-vous, mon pauvre mari?

ARGAN.

Venez-vous-en ici à mon secours.

BÉLINE.

Qu'est-ce que c'est donc qu'il y a, mon petit fils?

ARGAN.

M'amie!

BÉLINE.

Mon ami!

ARGAN.

On vient de me mettre en colère.

BÉLINE.

Hélas! pauvre petit mari! Comment donc, mon ami?

ARGAN.

Votre coquine de Toinette est devenue plus insolente que jamais.

BÉLINE.

Ne vous passionnez donc point.

ARGAN.

Elle m'a fait enrager, m'amie.

BÉLINE.

Doucement, mon fils.

ACTE I, SCÈNE VI.

ARGAN.

Elle a contrecarré, une heure durant, les choses que je veux faire.

BÉLINE.

Là! là! tout doux!

ARGAN.

Elle a eu l'effronterie de me dire que je ne suis point malade.

BÉLINE.

C'est une impertinente.

ARGAN.

Vous savez, mon cœur, ce qui en est.

BÉLINE.

Oui, mon cœur, elle a tort.

ARGAN.

M'amour, cette coquine-là me fera mourir.

BÉLINE.

Hé! là! hé! là!

ARGAN.

Elle est cause de toute la bile que je fais.

BÉLINE.

Ne vous fâchez point tant.

ARGAN.

Et il y a je ne sais combien que je vous dis de me la chasser.

BÉLINE.

Mon dieu! mon fils! il n'y a point de serviteurs et de servantes qui n'aient leurs défauts. On est contraint parfois de souffrir leurs mauvaises qualités à cause des bonnes. Celle-ci est adroite, soigneuse, diligente, et surtout fidèle;

et vous savez qu'il faut maintenant de grandes précautions pour les gens que l'on prend. Holà, Toinette!

SCÈNE VII.

ARGAN, BÉLINE, TOINETTE.

TOINETTE.

Madame.

BÉLINE.

Pourquoi donc est-ce que vous mettez mon mari en colère?

TOINETTE, *d'un ton doucereux.*

Moi, madame? Hélas! je ne sais pas ce que vous me voulez dire, et je ne songe qu'à complaire à monsieur en toutes choses.

ARGAN.

Ah! la traîtresse!

TOINETTE.

Il nous a dit qu'il vouloit donner sa fille en mariage au fils de monsieur Diafoirus. Je lui ai répondu que je trouvois le parti avantageux pour elle, mais que je croyois qu'il feroit mieux de la mettre dans un couvent.

BÉLINE.

Il n'y a pas grand mal à cela, et je trouve qu'elle a raison.

ARGAN.

Ah! m'amour, vous la croyez! C'est une scélérate: elle m'a dit cent insolences.

ACTE I, SCÈNE VIII.

BÉLINE.

Hé bien! je vous crois, mon ami. Là, remettez-vous. Écoutez, Toinette : si vous fâchez jamais mon mari, je vous mettrai dehors. Çà, donnez-moi son manteau fourré et des oreillers, que je l'accommode dans sa chaise. Vous voilà je ne sais comment. Enfoncez bien votre bonnet jusque sur vos oreilles; il n'y a rien qui enrhume tant que de prendre l'air par les oreilles.

ARGAN.

Ah, m'amie, que je vous suis obligé de tous les soins que vous prenez de moi!

BÉLINE, accommodant les oreillers qu'elle met autour d'Argan.

Levez-vous, que je mette ceci sous vous. Mettons celui-ci pour vous appuyer, et celui-là de l'autre côté. Mettons celui-ci derrière votre dos, et cet autre-là pour soutenir votre tête.

TOINETTE, lui mettant rudement un oreiller sur la tête.

Et celui-ci pour vous garder du serein.

ARGAN, se levant en colère, et jetant les oreillers à Toinette qui s'enfuit.

Ah! coquine, tu veux m'étouffer.

SCÈNE VIII.

ARGAN; BÉLINE.

BÉLINE.

Hé! là! hé! là! Qu'est-ce que c'est donc?

ARGAN, se jetant dans sa chaise.

Ah! ah! ah! je n'en puis plus.

BÉLINE.

Pourquoi vous emporter ainsi? elle a cru faire bien.

ARGAN.

Vous ne connoissez pas, m'amour, la malice de la pendarde. Ah! elle m'a mis tout hors de moi; et il faudra plus de huit médecines et de douze lavements pour réparer tout ceci.

BÉLINE.

Là! là! mon petit ami, apaisez-vous un peu.

ARGAN.

M'amie, vous êtes toute ma consolation.

BÉLINE.

Pauvre petit fils!

ARGAN.

Pour tâcher de reconnoître l'amour que vous me portez, je veux, mon cœur, comme je vous ai dit, faire mon testament.

BÉLINE.

Ah! mon ami, ne parlons point de cela, je vous prie: je ne saurois souffrir cette pensée; et le seul mot de testament me fait tressaillir de douleur.

ARGAN.

Je vous avois dit de parler pour cela à votre notaire.

BÉLINE.

Le voilà là-dedans que j'ai amené avec moi.

ARGAN.

Faites-le donc entrer, m'amour.

BÉLINE.

Hélas! mon ami, quand on aime bien un mari, on n'est guère en état de songer à tout cela.

SCÈNE IX.

M. DE BONNEFOI, BÉLINE, ARGAN.

ARGAN.

Approchez, monsieur de Bonnefoi, approchez. Prenez un siége, s'il vous plaît. Ma femme m'a dit, monsieur, que vous étiez fort honnête homme, et tout-à-fait de ses amis; et je l'ai chargée de vous parler pour un testament que je veux faire.

BÉLINE.

Hélas ! je ne suis point capable de parler de ces choses-là.

M. DE BONNEFOI.

Elle m'a, monsieur, expliqué vos intentions, et le dessein où vous êtes pour elle; et j'ai à vous dire là-dessus que vous ne sauriez rien donner à votre femme par votre testament.

ARGAN.

Mais pourquoi?

M. DE BONNEFOI.

La coutume y résiste. Si vous étiez en pays de droit écrit, cela se pourroit faire : mais, à Paris, et dans les pays coutumiers, au moins dans la plupart, c'est ce qui ne se peut; et la disposition seroit nulle. Tout l'avantage qu'homme et femme conjoints par mariage se peuvent faire l'un à l'autre, c'est un don mutuel entre vifs; encore faut-il qu'il n'y ait enfants, soit des deux conjoints, ou de l'un d'eux, lors du décès du premier mourant.

ARGAN.

Voilà une coutume bien impertinente, qu'un mari ne puisse rien laisser à une femme dont il est aimé tendrement, et qui prend de lui tant de soin! J'aurois envie de consulter mon avocat, pour voir comment je pourrois faire.

M. DE BONNEFOI.

Ce n'est point à des avocats qu'il faut aller; car ils sont d'ordinaire sévères là-dessus, et s'imaginent que c'est un grand crime que de disposer en fraude de la loi. Ce sont gens de difficultés, et qui sont ignorants des détours de la conscience. Il y a d'autres personnes à consulter, qui sont bien plus accommodantes, qui ont des expédients pour passer doucement par dessus la loi, et rendre juste ce qui n'est pas permis; qui savent aplanir les difficultés d'une affaire, et trouver des moyens d'éluder la coutume par quelque avantage indirect. Sans cela, où en serions-nous tous les jours? Il faut de la facilité dans les choses, autrement nous ne ferions rien, et je ne donnerois pas un sou de notre métier.

ARGAN.

Ma femme m'avoit bien dit, monsieur, que vous étiez fort habile et fort honnête homme. Comment puis-je faire, s'il vous plaît, pour lui donner mon bien et en frustrer mes enfants?

M. DE BONNEFOI.

Comment vous pouvez faire? Vous pouvez choisir doucement un ami intime de votre femme, auquel vous donnerez, en bonne forme, par votre testament, tout ce que vous pouvez; et cet ami ensuite lui rendra tout. Vous pouvez encore contracter un grand nombre d'obligations non suspectes au profit de divers créanciers qui prêteront leur nom à votre femme, et entre les mains de laquelle ils mettront leur déclaration, que ce qu'ils en ont fait n'a été que pour lui faire plaisir. Vous pouvez aussi, pendant que vous êtes en vie, mettre entre ses mains de l'argent comptant, ou des billets que vous pourrez avoir payables au porteur.

BÉLINE.

Mon dieu! il ne faut point vous tourmenter de tout cela. S'il vient faute de vous, mon fils, je ne veux plus rester au monde.

ARGAN.

M'amie!

BÉLINE.

Oui, mon ami, si je suis assez malheureuse pour vous perdre....

ARGAN.

Ma chère femme!

BÉLINE.

La vie ne me sera plus rien.

ARGAN.

M'amour!

BÉLINE.

Et je suivrai vos pas, pour vous faire connoître la tendresse que j'ai pour vous.

ARGAN.

M'amie, vous me fendez le cœur! Consolez-vous, je vous en prie.

M. DE BONNEFOI, à Béline.

Ces larmes sont hors de saison; et les choses n'en sont point encore là.

BÉLINE.

Ah! monsieur, vous ne savez pas ce que c'est qu'un mari qu'on aime tendrement.

ARGAN.

Tout le regret que j'aurai si je meurs, m'amie, c'est de n'avoir point un enfant de vous. Monsieur Purgon m'avoit dit qu'il m'en feroit faire un.

M. DE BONNEFOI.

Cela pourra venir encore.

ARGAN.

Il faut faire mon testament, m'amour, de la façon que monsieur dit; mais, par précaution, je veux vous mettre entre les mains vingt mille francs en or, que j'ai dans le lambris de mon alcove, et deux billets payables au porteur, qui me sont dus, l'un par M. Damon, et l'autre par M. Gérante.

BÉLINE.

Non, non, je ne veux point de tout cela. Ah!... Combien dites-vous qu'il y a dans votre alcove?

ARGAN.

Vingt mille francs, m'amour.

BÉLINE.

Ne me parlez point de bien, je vous prie. Ah!... De combien sont les deux billets?

ARGAN.

Ils sont, m'amie, l'un de quatre mille francs, et l'autre de six.

BÉLINE.

Tous les biens du monde, mon ami, ne me sont rien au prix de vous.

M. DE BONNEFOI, à Argan.

Voulez-vous que nous procédions au testament?

ARGAN.

Oui, monsieur. Mais nous serons mieux dans mon petit cabinet. M'amour, conduisez-moi, je vous prie.

BÉLINE.

Allons, mon pauvre petit fils!

SCÈNE X.

ANGÉLIQUE, TOINETTE.

TOINETTE.

Les voilà avec un notaire, et j'ai ouï parler de testament. Votre belle-mère ne s'endort point; et c'est sans doute quelque conspiration contre vos intérêts, où elle pousse votre père.

ANGÉLIQUE.

Qu'il dispose de son bien à sa fantaisie, pourvu qu'il ne dispose point de mon cœur. Tu vois, Toinette, les desseins violents que l'on fait sur lui; ne m'abandonne point, je te prie, dans l'extrémité où je suis.

TOINETTE.

Moi, vous abandonner! J'aimerois mieux mourir. Votre belle-mère a beau me faire sa confidente, et me vouloir jeter dans ses intérêts, je n'ai jamais pu avoir d'inclination pour elle, et j'ai toujours été de votre parti.

Laissez-moi faire; j'emploierai toute chose pour vous servir. Mais, pour vous servir avec plus d'effet, je veux changer de batterie, couvrir le zèle que j'ai pour vous, et feindre d'entrer dans les sentiments de votre père et de votre belle-mère.

ANGÉLIQUE.

Tâche, je t'en conjure, de faire donner avis à Cléante du mariage qu'on a conclu.

TOINETTE.

Je n'ai personne à employer à cet office que le vieux usurier Polichinelle, mon amant; et il m'en coûtera, pour cela, quelque parole de douceur, que je veux bien dépenser pour vous. Pour aujourd'hui il est trop tard; mais demain, du grand matin, je l'enverrai querir, et il sera ravi de....

SCÈNE XI.

BÉLINE, dans la maison; ANGÉLIQUE, TOINETTE.

BÉLINE.

Toinette.

TOINETTE, à Angélique.

Voilà qu'on m'appelle. Bonsoir. Reposez-vous sur moi.

FIN DU PREMIER ACTE.

PREMIER INTERMÈDE.

Le théâtre représente une place publique.

SCÈNE I.

POLICHINELLE.

O AMOUR, amour, amour, amour ! Pauvre Polichinelle ! quelle diable de fantaisie t'es-tu allé mettre dans la cervelle ? A quoi t'amuses-tu, misérable insensé que tu es ? Tu quittes le soin de ton négoce, et tu laisses aller tes affaires à l'abandon ; tu ne manges plus, tu ne bois presque plus, tu perds le repos de la nuit, et tout cela, pour qui ? pour une dragonne, franche dragonne, une diablesse qui te rembarre, et se moque de tout ce que tu peux lui dire. Mais il n'y a point à raisonner là-dessus. Tu le veux, amour ; il faut être fou comme beaucoup d'autres. Cela n'est pas le mieux du monde à un homme de mon âge ; mais qu'y faire ? On n'est pas sage quand on veut ; et les vieilles cervelles se démontent comme les jeunes.

Je viens voir si je ne pourrai point adoucir ma tigresse par une sérénade. Il n'y a rien, parfois, qui soit si touchant qu'un amant qui vient chanter ses doléances aux gonds et et aux verroux de la porte de sa maîtresse. (Après avoir pris son luth.) Voici de quoi accompagner ma voix. O nuit, ô chère nuit, porte mes plaintes amoureuses jusque dans le lit de mon inflexible.

  Nott' e dì v' am' e v' adoro ;
  Cerc' un sì, per mio ristoro :
  Ma se voi dite di nò,
  Bell' ingrata, io morirò.
   Fra la speranza
   S'affligge il cuore,
   In lontananza
   Consuma l'hore ;
   Si dolce inganno
   Che mi figura
   Breve l'affanno,
   Ahi ! troppo dura !
Così per tropp' amar languisco e muoro.

  Nott' e dì, v' am' e v' adoro;
  Cerc' un sì, per mio ristoro :
  Ma se voi dite di nò,
  Bell' ingrata, io morirò.
   Se non dormite,
   Almen pensate
   Alle ferite
   Ch' al cuor mi fate :
   Almen fingete,
   Per mio conforto,
   Se m'uccidete,
   D'haver il torto ;
Vostra pietà mi scemerà il martoro.

  Nott' e dì, v' am' e v' adoro ;

Cerc' un sì, per mio ristoro :
Ma se voi dite di nò,
Bell' ingrata, io morirò.

SCÈNE II.

POLICHINELLE; UNE VIEILLE à la fenêtre.

LA VIEILLE chante.

Zerbinetti, ch' ogn'or con finti sguardi,
 Mentiti desiri,
 Fallaci sospiri,
 Accenti bugiardi,
Di fede vi pregiate,
Ah! che non m'ingannate;
 Che già so per prova
 Ch' in voi non si trova
 Costanza nè fede.
Oh! quanto è pazza colei che vi crede!

 Quei sguardi languidi
 Non m'innamorano,
 Quei sospir fervidi
 Più non m'infiammano,
 Vel giuro a fe,
 Zerbino misero,
 Del vostro piangere
 Il mio cuor libero
 Vuol sempre ridere;
 Credet' a me,
 Che già so per prova
 Ch' in voi non si trova

Costanza nè fede.
Oh ! quanto è pazza colei che vi crede!

SCÈNE III.

POLICHINELLE; VIOLONS derrière le théâtre.

LES VIOLONS commencent un air.
POLICHINELLE.

Quelle impertinente harmonie vient interrompre ici ma voix !

LES VIOLONS continuant à jouer.
POLICHINELLE.

Paix-là ; taisez-vous, violons. Laissez-moi me plaindre à mon aise des cruautés de mon inexorable.

LES VIOLONS de même.
POLICHINELLE.

Taisez-vous, vous dis-je : c'est moi qui veux chanter.

LES VIOLONS.
POLICHINELLE.

Paix donc.

LES VIOLONS.
POLICHINELLE.

Ouais !

LES VIOLONS.
POLICHINELLE.

Ah !

LES VIOLONS.
POLICHINELLE.

Est-ce pour rire ?

INTERMÈDE I, SCÈNE III.

LES VIOLONS.

POLICHINELLE.

Ah! que de bruit!

LES VIOLONS.

POLICHINELLE.

Le diable vous emporte!

LES VIOLONS.

POLICHINELLE.

J'enrage!

LES VIOLONS.

POLICHINELLE.

Vous ne vous tairez pas? Ah! Dieu soit loué!

LES VIOLONS.

POLICHINELLE.

Encore!

LES VIOLONS.

POLICHINELLE.

Peste des violons!

LES VIOLONS.

POLICHINELLE.

La sotte musique que voilà!

LES VIOLONS.

POLICHINELLE, chantant pour se moquer des violons.

La, la, la, la, la, la.

LES VIOLONS.

POLICHINELLE, de même.

La, la, la, la, la, la.

LES VIOLONS.

POLICHINELLE, de même.

La, la, la, la, la, la.

LES VIOLONS.

POLICHINELLE, de même.

La, la, la, la, la, la.

LES VIOLONS.

POLICHINELLE, de même.

La, la, la, la, la, la.

LES VIOLONS.

POLICHINELLE.

Par ma foi, cela me divertit. Poursuivez, messieurs les violons; vous me ferez plaisir. (N'entendant plus rien.) Allons donc, continuez, je vous en prie.

SCÈNE IV.

POLICHINELLE.

Voilà le moyen de les faire taire. La musique est accoutumée à ne point faire ce qu'on veut. Or sus, à nous. Avant que de chanter, il faut que je prélude un peu, et joue quelques pièces, afin de mieux prendre mon ton. (Il prend son luth, dont il fait semblant de jouer en imitant avec les lèvres et la langue le son de cet instrument.) Plan, plan, plan. Plin, plin, plin. Voilà un temps fâcheux pour mettre un luth d'accord. Plin, plin, plin. Plin, tan, plan. Plin, plin. Les cordes ne tiennent point par ce temps-là. Plin, plan. J'entends du bruit. Mettons mon luth contre la porte.

SCÈNE V.

POLICHINELLE ; ARCHERS chantants et dansants.

UN ARCHER, chantant.

Qui va là ? Qui va là ?

POLICHINELLE, bas.

Qui diable est-ce là ? Est-ce la mode de parler en musique ?

L'ARCHER.

Qui va là ? Qui va là ? Qui va là ?

POLICHINELLE, épouvanté.

Moi, moi, moi.

L'ARCHER.

Qui va là ? Qui va là ? vous dis-je.

POLICHINELLE.

Moi, moi, vous dis-je.

L'ARCHER.

Et qui toi ? et qui toi ?

POLICHINELLE.

Moi, moi, moi, moi, moi, moi.

L'ARCHER.

Dis ton nom sans davantage attendre.

POLICHINELLE, feignant d'être bien hardi.

Mon nom est Va te faire pendre.

L'ARCHER.

Ici, camarade, ici.
Saisissons l'insolent qui nous répond ainsi.

PREMIÈRE ENTRÉE DE BALLET.

(Des archers dansants cherchent Polichinelle dans l'obscurité, pour le saisir.)

POLICHINELLE.

Qui va là ?

(Entendant encore du bruit autour de lui.)

Qui sont les coquins que j'entends ?
Hé !... Holà ! mes laquais, mes gens...
Par la mort !... Par la sang !... j'en jetterai par terre...
Champagne, Poitevin, Picard, Basque, Breton...
Donnez-moi mon mousqueton.,.

(Pendant les intervalles qui sont marqués avec les points, les archers dansent au son de la symphonie, en cherchant Polichinelle.)

POLICHINELLE, faisant semblant de tirer un coup de pistolet.
Poue.

(Les archers tombent tous, et s'enfuient.)

SCÈNE IV.

POLICHINELLE.

Ah ! ah ! ah ! ah ! Comme je leur ai donné l'épouvante ! Voilà de sottes gens d'avoir peur de moi, qui ai peur des autres. Ma foi, il n'est que de jouer d'adresse en ce monde. Si je n'avois tranché du grand seigneur, et n'avois fait le brave, ils n'auroient pas manqué de me happer. Ah ! ah ! ah !

(Pendant que Polichinelle croit être seul, des archers reviennent sans faire de bruit pour entendre ce qu'il dit.)

SCÈNE VII.

POLICHINELLE, DEUX ARCHERS chantants.

LES DEUX ARCHERS, saisissant Polichinelle.
Nous le tenons. A nous, camarades, à nous !
Dépêchez ! de la lumière.

SCÈNE VIII.

POLICHINELLE ; LES DEUX ARCHERS chantants ; ARCHERS chantants et dansants venant avec des lanternes.

QUATRE ARCHERS, chantant ensemble.
Ah ! traître ! ah ! fripon ! c'est donc vous !
Faquin, maraud, pendard, impudent, téméraire,
Insolent, effronté, coquin, filou, voleur,
Vous osez nous faire peur !
POLICHINELLE.
Messieurs, c'est que j'étois ivre.
LES QUATRE ARCHERS.
Non, non : point de raison ;
Il faut vous apprendre à vivre.
En prison, vite en prison.
POLICHINELLE.
Messieurs, je ne suis point voleur.
LES QUATRE ARCHERS.
En prison.

LE MALADE IMAGINAIRE.

POLICHINELLE.

Je suis un bourgeois de la ville.

LES QUATRE ARCHERS.

En prison.

POLICHINELLE.

Qu'ai-je fait?

LES QUATRE ARCHERS.

En prison, vite en prison.

POLICHINELLE.

Messieurs, laissez-moi aller.

LES QUATRE ARCHERS.

Non.

POLICHINELLE.

Je vous prie.

LES QUATRE ARCHERS.

Non.

POLICHINELLE.

Hé!

LES QUATRE ARCHERS.

Non.

POLICHINELLE.

De grace!

LES QUATRE ARCHERS.

Non, non.

POLICHINELLE.

Messieurs!

LES QUATRE ARCHERS.

Non, non, non.

POLICHINELLE.

S'il vous plaît!

LES QUATRE ARCHERS.

Non, non.

POLICHINELLE.

Par charité!

LES QUATRE ARCHERS.

Non, non.

POLICHINELLE.

Au nom du ciel!

LES QUATRE ARCHERS.

Non, non.

POLICHINELLE.

Miséricorde!

LES QUATRE ARCHERS.

Non, non, point de raison;
Il faut vous apprendre à vivre.
En prison, vite en prison.

POLICHINELLE.

Hé! n'est-il rien, messieurs, qui soit capable d'attendrir vos ames?

LES QUATRE ARCHERS.

Il est aisé de nous toucher;
Et nous sommes humains plus qu'on ne sauroit croire.
Donnez-nous seulement six pistoles pour boire,
Nous allons vous lâcher.

POLICHINELLE.

Hélas! messieurs, je vous assure que je n'ai pas un sou sur moi.

LES QUATRE ARCHERS.

Au défaut de six pistoles,
Choisissez donc sans façon
D'avoir trente croquignoles,
Ou douze coups de bâton.

POLICHINELLE.

« Si c'est une necessité, et qu'il faille en passer par-là, je choisis les croquignoles.

LES QUATRE ARCHERS.

Allons préparez-vous,
Et comptez bien les coups.

DEUXIÈME ENTRÉE DE BALLET.

(Les archers dansants donnent en cadence des croquignoles à Polichinelle.)

POLICHINELLE, pendant qu'on lui donne des croquignoles.

Une et deux, trois et quatre, cinq et six, sept et huit, neuf et dix, onze et douze, quatorze et quinze.

LES QUATRE ARCHERS.

Ah! ah! vous en voulez passer!
Allons, c'est à recommencer.

POLICHINELLE.

Ah! messieurs, ma pauvre tête n'en peut plus; et vous venez de me la rendre comme une pomme cuite. J'aime mieux encore les coups de bâton que de recommencer.

LES QUATRE ARCHERS.

Soit. Puisque le bâton est pour vous plus charmant,
Vous aurez contentement.

TROISIÈME ENTRÉE DE BALLET.

(Les archers donnent en cadence des coups de bâton à Polichinelle.)

POLICHINELLE, comptant les coups de bâton.

Un, deux, trois, quatre, cinq, six. Ah! ah! ah! Je

n'y saurois plus résister. Tenez, messieurs, voilà six pistoles que je vous donne.

LES QUATRE ARCHERS.

Ah! l'honnête homme! Ah! l'ame noble et belle!
Adieu, seigneur; adieu, seigneur Polichinelle.

POLICHINELLE.

Messieurs, je vous donne le bonsoir.

LES QUATRE ARCHERS.

Adieu, seigneur; adieu, seigneur Polichinelle.

POLICHINELLE.

Votre serviteur.

LES QUATRE ARCHERS.

Adieu, seigneur; adieu, seigneur Polichinelle.

POLICHINELLE.

Très-humble valet.

LES QUATRE ARCHERS.

Adieu, seigneur; adieu, seigneur Polichinelle.

POLICHINELLE.

Jusqu'au revoir.

QUATRIÈME ENTRÉE DE BALLET.

(Les archers dansent en réjouissance de l'argent qu'ils ont reçu.)

FIN DU PREMIER INTERMÈDE.

ACTE SECOND.

Le théâtre représente la chambre d'Argan.

SCÈNE I.

CLÉANTE, TOINETTE.

TOINETTE, ne reconnoissant pas Cléante.

Que demandez-vous, monsieur?

CLÉANTE.

Ce que je demande?

TOINETTE.

Ah! ah! c'est vous! Quelle surprise! Que venez-vous faire céans?

CLÉANTE.

Savoir ma destinée, parler à l'aimable Angélique, consulter les sentiments de son cœur, et lui demander ses résolutions sur ce mariage fatal dont on m'a averti :

TOINETTE.

Oui : mais on ne parle pas comme cela de but en blanc à Angélique, il faut des mystères : et l'on vous a dit l'étroite garde où elle est retenue; qu'on ne la laisse ni sortir ni parler à personne; et que ce ne fut que la curiosité d'une vieille tante qui nous fit accorder la liberté d'aller à cette comédie qui donna lieu à la naissance de votre passion : et nous nous sommes bien gardées de parler de cette aventure.

CLÉANTE.

Aussi ne viens-je pas ici comme Cléante et sous l'apparence de son amant, mais comme ami de son maître de musique, dont j'ai obtenu le pouvoir de dire qu'il m'envoie à sa place.

TOINETTE.

Voici son père. Retirez-vous un peu, et me laissez lui dire que vous êtes là.

SCÈNE II.

ARGAN, TOINETTE.

ARGAN, se croyant seul, et sans voir Toinette.

Monsieur Purgon m'a dit de me promener le matin dans ma chambre douze allées et douze venues : mais j'ai oublié à lui demander si c'est en long ou en large.

TOINETTE.

Monsieur, voilà un....

ARGAN.

Parle bas, pendarde, tu viens m'ébranler tout le cerveau, et tu ne songes pas qu'il ne faut point parler si haut à des malades.

TOINETTE.

Je voulois vous dire, monsieur...

ARGAN.

Parle bas, te dis-je.

TOINETTE.

Monsieur...

(Elle fait semblant de parler.)

ARGAN.

Hé ?

TOINETTE.

Je vous dis que...

(Elle fait encore semblant de parler.)

ARGAN.

Qu'est-ce que tu dis ?

TOINETTE, haut.

Je dis que voilà un homme qui veut parler à vous.

ARGAN.

Qu'il vienne.

(Toinette fait signe à Cléante d'avancer.)

SCÈNE III.

ARGAN, CLÉANTE, TOINETTE.

CLÉANTE.

Monsieur...

TOINETTE, à Cléante.

Ne parlez pas si haut, de peur d'ébranler le cerveau de monsieur.

CLÉANTE.

Monsieur, je suis ravi de vous trouver debout, et de voir que vous vous portez mieux.

TOINETTE, feignant d'être en colère.

Comment ! qu'il se porte mieux ! Cela est faux. Monsieur se porte toujours mal.

CLÉANTE.

J'ai ouï dire que monsieur étoit mieux ; et je lui trouve bon visage.

ACTE II, SCÈNE III.

TOINETTE.

Que voulez-vous dire avec votre bon visage? Monsieur l'a fort mauvais; et ce sont des impertinents qui vous ont dit qu'il étoit mieux; il ne s'est jamais si mal porté.

ARGAN.

Elle a raison.

TOINETTE.

Il marche, dort, mange, et boit comme les autres; mais cela n'empêche qu'il ne soit fort malade.

ARGAN.

Cela est vrai.

CLÉANTE.

Monsieur, j'en suis au désespoir, Je viens de la part du maître à chanter de mademoiselle votre fille : il s'est vu obligé d'aller à la campagne pour quelques jours; et, comme son ami intime, il m'envoie à sa place pour lui continuer ses leçons, de peur qu'en les interrompant elle ne vînt à oublier ce qu'elle sait déja.

ARGAN.

Fort bien. (A Toinette.) Appelez Angélique.

TOINETTE.

Je crois, monsieur, qu'il sera mieux de mener monsieur à sa chambre.

ARGAN.

Non, faites-la venir.

TOINETTE.

Il ne pourra lui donner leçon comme il faut, s'ils ne sont en particulier.

ARGAN.

Si fait, si fait.

TOINETTE.

Monsieur, cela ne fera que vous étourdir; et il ne faut rien pour vous émouvoir en l'état où vous êtes, et vous ébranler le cerveau.

ARGAN.

Point, point: j'aime la musique; et je serai bien aise de... Ah! la voici. (A Toinette.) Allez-vous-en voir, vous, si ma femme est habillée.

SCÈNE IV.
ARGAN, ANGÉLIQUE, CLÉANTE.

ARGAN.

Venez, ma fille; votre maître de musique est allé aux champs, et voilà une personne qu'il envoie à sa place pour vous montrer.

ANGÉLIQUE, reconnoissant Cléante.

Ah! ciel!

ARGAN.

Qu'est-ce! D'où vient cette surprise?

ANGÉLIQUE.

C'est...

ARGAN.

Quoi, qui vous émeut de la sorte?

ANGÉLIQUE.

C'est, mon père, une aventure surprenante qui se rencontre ici.

ARGAN.

Comment?

ANGÉLIQUE.

J'ai songé cette nuit que j'étois dans le plus grand embarras du monde, et qu'une personne faite tout comme monsieur s'est présentée à moi, à qui j'ai demandé secours, et qui m'est venu tirer de la peine où j'étois; et ma surprise a été grande de voir inopinément, en arrivant ici, ce que j'ai eu dans l'idée toute la nuit.

CLÉANTE.

Ce n'est pas être malheureux que d'occuper votre pensée, soit en dormant, soit en veillant; et mon bonheur seroit grand, sans doute, si vous étiez dans quelque peine dont vous me jugeassiez digne de vous tirer; et il n'y a rien que je ne fisse pour...

SCÈNE V.

ARGAN, ANGÉLIQUE, CLÉANTE, TOINETTE.

TOINETTE, à Argan.

Ma foi, monsieur, je suis pour vous maintenant; et je me dédis de tout ce que je disois hier. Voici monsieur Diafoirus le père et monsieur Diafoirus le fils qui viennent vous rendre visite. Que vous serez bien engendré! Vous allez voir le garçon le mieux fait du monde, et le plus spirituel. Il n'a dit que deux mots qui m'ont ravie, et votre fille va être charmée de lui.

ARGAN, à Cléante qui feint de vouloir s'en aller.

Ne vous en allez point, monsieur. C'est que je marie

ma fille; et voilà qu'on lui amène son prétendu mari,[1] qu'elle n'a point encore vu.

CLÉANTE.

C'est m'honorer beaucoup, monsieur, de vouloir que je sois témoin d'une entrevue si agréable.

ARGAN.

C'est le fils d'un habile médecin : et le mariage se fera dans quatre jours.

CLÉANTE.

Fort bien.

ARGAN.

Mandez-le un peu à son maître de musique, afin qu'il se trouve à la noce.

CLÉANTE.

Je n'y manquerai pas.

ARGAN.

Je vous y prie aussi.

CLÉANTE.

Vous me faites beaucoup d'honneur.

TOINETTE.

Allons, qu'on se range, les voici.

SCÈNE VI.

M. DIAFOIRUS, THOMAS DIAFOIRUS, ARGAN, ANGÉLIQUE, CLÉANTE, TOINETTE, LAQUAIS.

ARGAN, mettant la main à son bonnet sans l'ôter.

Monsieur Purgon, monsieur, m'a défendu de décou-

---

[1] Ancienne manière de s'exprimer. On dirait aujourd'hui *son prétendu*.

vrir ma tête. Vous êtes du métier, vous savez les conséquences.

M. DIAFOIRUS.

Nous sommes dans toutes nos visites pour porter secours aux malades, et non pour leur porter de l'incommodité.

(Argan et M. Diafoirus parlent en même temps.)

ARGAN.

Je reçois monsieur,

M. DIAFOIRUS.

Nous venons ici, monsieur,

ARGAN.

Avec beaucoup de joie...

M. DIAFOIRUS.

Mon fils Thomas et moi,

ARGAN.

L'honneur que vous me faites,

M. DIAFOIRUS.

Vous témoigner, monsieur,

ARGAN.

Et j'aurois souhaité...

M. DIAFOIRUS.

Le ravissement où nous sommes...

ARGAN.

De pouvoir aller chez vous...

M. DIAFOIRUS.

De la grace que vous nous faites...

ARGAN.

Pour vous en assurer.

M. DIAFOIRUS.

De vouloir bien nous recevoir...

ARGAN.

Mais vous savez, monsieur,

M. DIAFOIRUS.

Dans l'honneur, monsieur,

ARGAN.

Ce que c'est qu'un pauvre malade,

M. DIAFOIRUS.

De votre alliance,

ARGAN.

Qui ne peut faire autre chose...

M. DIAFOIRUS.

Et vous assurer...

ARGAN.

Que de vous dire ici...

M. DIAFOIRUS.

Que, dans les choses qui dépendent de notre métier,

ARGAN.

Qu'il cherchera toutes les occasions...

M. DIAFOIRUS.

De même qu'en tout autre,

ARGAN.

De vous faire connoître, monsieur,

M. DIAFOIRUS.

Nous serons toujours prêts, monsieur,

ARGAN.

Qu'il est tout à votre service.

M. DIAFOIRUS.

A vous témoigner notre zèle. (A son fils.) Allons, Thomas, avancez; faites vos compliments.

ACTE II, SCÈNE VI.

THOMAS DIAFOIRUS, à M. Diafoirus.

N'est-ce pas par le père qu'il convient commencer ?

M. DIAFOIRUS.

Oui.

THOMAS DIAFOIRUS, à Argan.

Monsieur, je viens saluer, reconnoître, chérir, et révérer en vous un second père, mais un second père auquel j'ose dire que je me trouve plus redevable qu'au premier. Le premier m'a engendré ; mais vous m'avez choisi. Il m'a reçu par nécessité ; mais vous m'avez accepté par grace. Ce que je tiens de lui est un ouvrage de son corps; mais ce que je tiens de vous est un ouvrage de votre volonté : et d'autant plus que les facultés spirituelles sont au-dessus des corporelles, d'autant plus je vous dois, et d'autant plus je tiens précieuse cette future filiation dont je viens aujourd'hui vous rendre par avance les très-humbles et très-respectueux hommages.

TOINETTE.

Vivent les colléges d'où l'on sort si habile homme !

THOMAS DIAFOIRUS, à M. Diafoirus.

Cela a-t-il bien été, mon père ?

M. DIAFOIRUS.

Optimè.

ARGAN, à Angélique.

Allons, saluez monsieur.

THOMAS DIAFOIRUS, à M. Diafoirus.

Baiserai-je ?

M. DIAFOIRUS.

Oui, oui.

THOMAS DIAFOIRUS, à Angélique.

Madame, c'est avec justice que le ciel vous a concédé le nom de belle-mère, puisque l'on...

ARGAN, à Thomas Diafoirus.

Ce n'est pas ma femme, c'est ma fille à qui vous parlez.

THOMAS DIAFOIRUS.

Où donc est-elle ?

ARGAN.

Elle va venir.

THOMAS DIAFOIRUS.

Attendrai-je, mon père, qu'elle soit venue ?

M. DIAFOIRUS.

Faites toujours le compliment de mademoiselle.

THOMAS DIAFOIRUS.

Mademoiselle, ne plus ne moins que la statue de Memnon rendoit un son harmonieux lorsqu'elle venoit à être éclairée des rayons du soleil, tout de même me sens-je animé d'un doux transport à l'apparition du soleil de vos beautés; et comme les naturalistes remarquent que la fleur nommée héliotrope tourne sans cesse vers cet astre du jour, aussi mon cœur dores-en-avant tournera-t-il toujours vers les astres resplendissants de vos yeux adorables, ainsi que vers son pôle unique. Souffrez donc, mademoiselle, que j'appende aujourd'hui à l'autel de vos charmes l'offrande de ce cœur, qui ne respire et n'ambitionne autre gloire que d'être toute sa vie, mademoiselle, votre très-humble, très obéissant et très-fidèle serviteur et mari.

TOINETTE.

Voilà ce que c'est que d'étudier, on apprend à dire de belles choses.

ARGAN, à Cléante.

Hé! que dites-vous de cela ?

CLÉANTE.

Que monsieur fait des merveilles, et que s'il est aussi bon médecin qu'il est bon orateur, il y aura plaisir à être de ses malades.

TOINETTE.

Assurément. Ce sera quelque chose d'admirable, s'il fait d'aussi belles cures qu'il fait de beaux discours.

ARGAN.

Allons, vite, ma chaise, et des siéges à tout le monde. (Les laquais donnent des siéges.) Mettez-vous là, ma fille. (A M. Diafoirus.) Vous voyez, monsieur, que tout le monde admire monsieur votre fils; et je vous trouve bien heureux de vous voir un garçon comme cela.

M. DIAFOIRUS.

Monsieur, ce n'est pas parce que je suis son père; mais je puis dire que j'ai sujet d'être content de lui, et que tous ceux qui le voient en parlent comme d'un garçon qui n'a point de méchanceté. Il n'a jamais eu l'imagination bien vive, ni ce feu d'esprit qu'on remarque dans quelques-uns; mais c'est par-là que j'ai toujours bien auguré de sa judiciaire, qualité requise pour l'exercice de notre art. Lorsqu'il étoit petit, il n'a jamais été ce qu'on appelle mièvre [1] et éveillé: on le voyoit toujours doux, paisible et taciturne, ne disant jamais mot, et ne jouant jamais à tous ces petits jeux que l'on nomme enfantins. On eut toutes les peines du monde à lui ap-

---

[1] *Mièvre*, ancien mot qui signifiait *étourdi, remuant*. En Normandie, on disait *nièvre*. Ce mot vient peut-être du latin *nebulo*, garnement.

prendre à lire; et il avoit neuf ans qu'il ne connoissoit pas encore ses lettres. Bon! disois-je en moi-même, les arbres tardifs sont ceux qui portent les meilleurs fruits. On grave sur le marbre bien plus malaisément que sur le sable; mais les choses y sont conservées bien plus long-temps; et cette lenteur à comprendre, cette pesanteur d'imagination, est la marque d'un bon jugement à venir. Lorsque je l'envoyai au collége, il trouva de la peine, mais il se roidissoit contre les difficultés; et ses régents se louoient toujours à moi de son assiduité et de son travail. Enfin, à force de battre le fer, il en est venu glorieusement à avoir ses licences; et je puis dire, sans vanité, que, depuis deux ans qu'il est sur les bancs, il n'y a point de candidat qui ait fait plus de bruit que lui dans toutes les disputes de notre école. Il s'y est rendu redoutable; et il ne s'y passe point d'acte où il n'aille argumenter à outrance pour la proposition contraire. Il est ferme dans la dispute, fort comme un Turc sur ses principes, ne démord jamais de son opinion, et poursuit un raisonnement jusque dans les derniers recoins de la logique. Mais, sur toute chose, ce qui me plaît en lui, et en quoi il suit mon exemple, c'est qu'il s'attache aveuglément aux opinions de nos anciens, et que jamais il n'a voulu comprendre ni écouter les raisons et les expériences des prétendues découvertes de notre siècle touchant la circulation du sang, et d'autres opinions de même farine. [1]

---

[1] Ancienne expression pédantesque, qui vouloit dire *opinions de même sorte*.

ACTE II, SCÈNE VI.

THOMAS DIAFOIRUS, *tirant de sa poche une grande thèse roulée qu'il présente à Angélique.*

J'ai, contre les circulateurs, soutenu une thèse, qu'avec la permission (*saluant Argan*) de monsieur, j'ose présenter à mademoiselle comme un hommage que je lui dois des prémices de mon esprit.

ANGÉLIQUE.

Monsieur, c'est pour moi un meuble inutile; et je ne me connois pas à ces choses-là.

TOINETTE, *prenant la thèse.*

Donnez, donnez; elle est toujours bonne à prendre pour l'image : cela servira à parer notre chambre.

THOMAS DIAFOIRUS, *saluant encore Argan.*

Avec la permission aussi de monsieur, je vous invite à venir voir l'un de ces jours, pour vous divertir, la dissection d'une femme, sur quoi je dois raisonner.

TOINETTE.

Le divertissement sera agréable. Il y en a qui donnent la comédie à leurs maîtresses; mais donner une dissection est quelque chose de plus galant.

M. DIAFOIRUS.

Au reste, pour ce qui est des qualités requises pour le mariage et la propagation, je vous assure que, selon les règles de nos docteurs, il est tel qu'on le peut souhaiter, qu'il possède en un degré louable la vertu prolifique, et qu'il est du tempérament qu'il faut pour engendrer et procréer des enfants bien conditionnés.

ARGAN.

N'est-ce pas votre intention, monsieur, de le pousser à la cour, et d'y ménager pour lui une charge de médecin?

M. DIAFOIRUS.

A vous en parler franchement, notre métier auprès des grands ne m'a jamais paru agréable, et j'ai toujours trouvé qu'il valoit mieux pour nous autres demeurer au public. Le public est commode : Vous n'avez à répondre de vos actions à personne ; et, pourvu que l'on suive le courant des règles de l'art, on ne se met point en peine de tout ce qui peut arriver. Mais ce qu'il y a de fâcheux auprès des grands, c'est que, quand ils viennent à être malades, ils veulent absolument que leurs médecins les guérissent.

TOINETTE.

Cela est plaisant! et ils sont bien impertinents de vouloir que vous autres messieurs vous les guérissiez! Vous n'êtes point auprès d'eux pour cela : vous n'y êtes que pour recevoir vos pensions, et leur ordonner des remèdes : c'est à eux à guérir s'ils peuvent.

M. DIAFOIRUS.

Cela est vrai. On n'est obligé qu'à traiter les gens dans les formes.

ARGAN, à Cléante.

Monsieur, faites un peu chanter ma fille devant la compagnie.

CLÉANTE.

J'attendois vos ordres, monsieur ; et il m'est venu en pensée, pour divertir la compagnie, de chanter avec mademoiselle une scène d'un petit opéra qu'on a fait depuis peu. (A Angélique lui donnant un papier.) Tenez, voilà votre partie.

ANGÉLIQUE.

Moi ?

ACTE II, SCÈNE VI.

CLÉANTE, *bas, à Angélique.*

Ne vous défendez point, s'il vous plaît, et me laissez vous faire comprendre ce que c'est que la scène que nous devons chanter. (Haut.) Je n'ai pas une voix à chanter ; mais ici il suffit que je me fasse entendre, et l'on aura la bonté de m'excuser par la nécessité où je me trouve de faire chanter mademoiselle.

ARGAN.

Les vers en sont-ils beaux ?

CLÉANTE.

C'est proprement ici un petit opéra impromptu ; et vous n'allez entendre chanter que la prose cadencée, ou des manières de vers libres, tels que la passion et la nécessité peuvent faire trouver à deux personnes qui disent les choses d'eux-mêmes, et parlent sur-le-champ.

ARGAN.

Fort bien. Écoutons.

CLÉANTE.

Voici le sujet de la scène. Un berger étoit attentif aux beautés d'un spectacle qui ne faisoit que commencer, lorsqu'il fut retiré de son attention par un bruit qu'il entendit à ses côtés. Il se retourne, et voit un brutal qui, de paroles insolentes, maltraitoit une bergère. D'abord il prend les intérêts d'un sexe à qui tous les hommes doivent hommage ; et, après avoir donné au brutal le châtiment de son insolence, il vient à la bergère, et voit une jeune personne qui, des deux plus beaux yeux qu'il eût jamais vus, versoit des larmes qu'il trouva les plus belles du monde. Hélas ! dit-il en lui-même, est-on capable d'outrager une personne si aimable ? Et quel inhu-

main, quel barbare ne seroit touché par de telles larmes?
Il prend soin de les arrêter, ces larmes qu'il trouve si
belles; et l'aimable bergère prend soin en même temps
de le remercier de son léger service, mais d'une manière
si charmante, si tendre et si passionnée, que le berger
n'y peut résister; et chaque mot, chaque regard, est un
trait plein de flamme dont son cœur se sent pénétré.
Est-il, disoit-il, quelque chose qui puisse mériter les aimables paroles d'un tel remerciement? Et que ne vou-
droit-on pas faire, à quels services, à quels dangers ne
seroit-on pas ravi de courir pour s'attirer un seul moment des touchantes douceurs d'une ame si reconnois-
sante? Tout le spectacle passe sans qu'il y donne aucune
attention : mais il se plaint qu'il est trop court, parce
qu'en finissant il se sépare de son adorable bergère; et,
de cette première vue, de ce premier moment, il emporte chez lui tout ce qu'un amour de plusieurs années
peut avoir de plus violent. Le voilà aussitôt à sentir tous
les maux de l'absence; et il est tourmenté de ne plus voir
ce qu'il a si peu vu. Il fait tout ce qu'il peut pour se re-
donner cette vue dont il conserve nuit et jour une si chère
idée; mais la grande contrainte où l'on tient sa bergère
lui en ôte tous les moyens. La violence de sa passion le fait
résoudre à demander en mariage l'adorable beauté, sans
laquelle il ne peut plus vivre; et il en obtient d'elle la
permission par un billet qu'il a l'adresse de lui faire tenir. Mais dans le même temps on l'avertit que le père
de cette belle a conclu son mariage avec un autre, et que
tout se dispose pour en célébrer la cérémonie. Jugez quelle
atteinte cruelle au cœur de ce triste berger! Le voilà acca-

ACTE II, SCÈNE VI.

blé d'une mortelle douleur; il ne peut souffrir l'effroyable idée de voir tout ce qu'il aime entre les bras d'un autre; et son amour au désespoir lui fait trouver moyen de s'introduire dans la maison de sa bergère pour apprendre ses sentiments, et savoir d'elle la destinée à laquelle il doit se résoudre. Il y rencontre les apprêts de tout ce qu'il craint : il y voit venir l'indigne rival que le caprice d'un père oppose aux tendresses de son amour; il le voit triomphant, ce rival ridicule, auprès de l'aimable bergère, ainsi qu'auprès d'une conquête qui lui est assurée; et cette vue le remplit d'une colère dont il a peine à se rendre le maître. Il jette de douloureux regards sur celle qu'il adore; et son respect, et la présence de son père, l'empêchent de lui rien dire que des yeux. Mais enfin il force toute contrainte, et le transport de son amour l'oblige à lui parler ainsi :

(Il chante.)

Belle Philis, c'est trop, c'est trop souffrir;
Rompons ce dur silence, et m'ouvrez vos pensées.
    Apprenez-moi ma destinée :
    Faut-il vivre? faut-il mourir?

ANGÉLIQUE, en chantant.

Vous me voyez, Tircis, triste et mélancolique
Aux apprêts de l'hymen dont vous vous alarmez.
Mais si plus clairement il faut que je m'explique,
    C'est vous en dire assez.

ARGAN.

Ouais! je ne croyois pas que ma fille fût si habile que de chanter ainsi à livre ouvert, sans hésiter.

CLÉANTE.

Hélas! belle Philis,
Se pourroit-il que l'amoureux Tircis
Eût assez de bonheur
Pour avoir quelque place dans votre cœur?

ANGÉLIQUE.

Je ne m'en défends point; dans cette peine extrême,
Oui, Tircis, je vous aime.

CLÉANTE.

O parole pleine d'appas!
Ai-je bien entendu? Hélas!
Redites-la, Philis; que je n'en doute pas.

ANGÉLIQUE.

Oui, Tircis, je vous aime.

CLÉANTE.

De grace, encor, Philis.

ANGÉLIQUE.

Je vous aime.

CLÉANTE.

Recommencez cent fois, ne vous en lassez pas.

ANGÉLIQUE.

Je vous aime, je vous aime;
Oui, Tircis, je vous aime.

CLÉANTE.

Dieux, rois, qui sous vos pieds regardez tout le monde,
Pouvez-vous comparer votre bonheur au mien?
Mais, Philis, une pensée
Vient troubler ce doux transport.
Un rival, un rival...

ANGÉLIQUE.

Ah! je le hais plus que la mort;

ACTE II, SCÈNE VI.

Et sa présence, ainsi qu'à vous,
M'est un cruel supplice.

CLÉANTE.

Mais un père à ses vœux vous veut assujettir.

ANGÉLIQUE.

Plutôt, plutôt mourir,
Que de jamais y consentir.
Plutôt, plutôt mourir, plutôt mourir.

ARGAN.

Et que dit le père à tout cela ?

CLÉANTE.

Il ne dit rien.

ARGAN.

Voilà un sot père que ce père-là, de souffrir toutes ces sottises-là sans rien dire.

CLÉANTE, voulant continuer à chanter.

Ah! mon amour...

ARGAN.

Non, non; en voilà assez. Cette comédie-là est de fort mauvais exemple. Le berger Tircis est un impertinent, et la bergère Philis une impudente de parler de la sorte devant son père. (A Angélique.) Montrez-moi ce papier. Ah! ah! où sont donc les paroles que vous dites? Il n'y a là que de la musique écrite.

CLÉANTE.

Est-ce que vous ne savez pas, monsieur, qu'on a trouvé depuis peu l'invention d'écrire les paroles avec les notes mêmes?

ARGAN.

Fort bien. Je suis votre serviteur, monsieur; jusqu'au

revoir. Nous nous serions bien passés de votre impertinent opéra.

CLÉANTE.

J'ai cru vous divertir.

ARGAN.

Les sottises ne divertissent point. Ah! voici ma femme.

SCÈNE VII.

BÉLINE, ARGAN, ANGÉLIQUE, M. DIAFOIRUS, THOMAS DIAFOIRUS, TOINETTE.

ARGAN.

M'amour, voilà le fils de monsieur Diafoirus.

THOMAS DIAFOIRUS.

Madame, c'est avec justice que le ciel vous a concédé le nom de belle-mère, puisque l'on voit sur votre visage...

BÉLINE.

Monsieur, je suis ravie d'être venue ici à propos pour avoir l'honneur de vous voir.

THOMAS DIAFOIRUS.

Puisque l'on voit sur votre visage... Puisque l'on voit sur votre visage... Madame, vous m'avez interrompu dans le milieu de ma période, et cela m'a troublé la mémoire.

M. DIAFOIRUS.

Thomas, réservez cela pour une autre fois.

ARGAN.

Je voudrois, m'amie, que vous eussiez été ici tantôt.

TOINETTE.

Ah! madame, vous avez bien perdu de n'avoir point

été au second père, à la statue de Memnon, et à la fleur nommée héliotrope.

ARGAN.

Allons, ma fille, touchez dans la main de monsieur, et lui donnez votre foi, comme à votre mari.

ANGÉLIQUE.

Mon père!

ARGAN.

Hé bien! mon père! Qu'est-ce que cela veut dire?

ANGÉLIQUE.

De grace, ne précipitez point les choses. Donnez-nous au moins le temps de nous connoître, et de voir naître en nous, l'un pour l'autre, cette inclination si nécessaire à composer une union parfaite.

THOMAS DIAFOIRUS.

Quant à moi, mademoiselle, elle est déja toute née en moi; et je n'ai pas besoin d'attendre davantage.

ANGÉLIQUE.

Si vous êtes si prompt, monsieur, il n'en est pas de même de moi; et je vous avoue que votre mérite n'a pas encore fait assez d'impression dans mon ame.

ARGAN.

Oh! bien! bien! cela aura tout le loisir de se faire quand vous serez mariés ensemble.

ANGÉLIQUE.

Hé! mon père, donnez-moi du temps, je vous prie. Le mariage est une chaîne où l'on ne doit jamais soumettre un cœur par force; et si monsieur est honnête homme, il ne doit point vouloir accepter une personne qui seroit à lui par contrainte.

THOMAS DIAFOIRUS.

Nego consequentiam, mademoiselle; et je puis être honnête homme, et vouloir bien vous accepter des mains de monsieur votre père.

ANGÉLIQUE.

C'est un méchant moyen de se faire aimer de quelqu'un, que de lui faire violence.

THOMAS DIAFOIRUS.

Nous lisons des anciens, mademoiselle, que leur coutume étoit d'enlever par force de la maison des pères les filles qu'on menoit marier, afin qu'il ne semblât pas que ce fût de leur consentement qu'elles convoloient dans les bras d'un homme.

ANGÉLIQUE.

Les anciens, monsieur, sont les anciens, et nous sommes les gens de maintenant. Les grimaces ne sont point nécessaires dans notre siècle; et quand un mariage nous plaît, nous savons fort bien y aller sans qu'on nous y traîne. Donnez-vous patience; si vous m'aimez, monsieur, vous devez vouloir tout ce que je veux.

THOMAS DIAFOIRUS.

Oui, mademoiselle, jusqu'aux intérêts de mon amour exclusivement.

ANGÉLIQUE.

Mais la grande marque d'amour, c'est d'être soumis aux volontés de celle qu'on aime.

THOMAS DIAFOIRUS.

Distingo, mademoiselle. Dans ce qui ne regarde point sa possession, *concedo*; mais dans ce qui la regarde, *nego*.

ACTE II, SCÈNE VII.

TOINETTE, à Angélique.

Vous avez beau raisonner; monsieur est frais émoulu du collége, et il vous donnera toujours votre reste. Pourquoi tant résister, et refuser la gloire d'être attachée au corps de la faculté?

BÉLINE.

Elle a peut-être quelque inclination en tête.

ANGÉLIQUE.

Si j'en avois, madame, elle seroit telle que la raison et l'honnêteté pourroient me la permettre.

ARGAN.

Ouais! je joue ici un plaisant personnage.

BÉLINE.

Si j'étois que de vous, mon fils, je ne la forcerois point à se marier; et je sais bien ce que je ferois.

ANGÉLIQUE.

Je sais, madame, ce que vous voulez dire, et les bontés que vous avez pour moi; mais peut-être que vos conseils ne seront pas assez heureux pour être exécutés.

BÉLINE.

C'est que les filles bien sages et bien honnêtes comme vous se moquent d'être obéissantes et soumises aux volontés de leur père. Cela étoit bon autrefois.

ANGÉLIQUE.

Le devoir d'une fille a des bornes, madame, et la raison et les lois ne l'étendent point à toutes sortes de choses.

BÉLINE.

C'est-à-dire que vos pensées ne sont que pour le mariage; mais vous voulez choisir un époux à votre fantaisie.

ANGÉLIQUE.

Si mon père ne veut pas me donner un mari qui me plaise, je le conjurerai au moins de ne me point forcer à en épouser un que je ne puisse pas aimer.

ARGAN.

Messieurs, je vous demande pardon de tout ceci.

ANGÉLIQUE.

Chacun a son but en se mariant. Pour moi, qui ne veux un mari que pour l'aimer véritablement, et qui prétends en faire tout l'attachement de ma vie, je vous avoue que j'y cherche quelque précaution. Il y en a d'aucunes [1] qui prennent des maris seulement pour se tirer de la contrainte de leurs parents, et se mettre en état de faire tout ce qu'elles voudront. Il y en a d'autres, madame, qui font du mariage un commerce de pur intérêt, qui ne se marient que pour gagner des douaires, que pour s'enrichir par la mort de ceux qu'elles épousent, et courent sans scrupule de mari en mari pour s'approprier leurs dépouilles. Ces personnes-là, à la vérité, n'y cherchent pas tant de façons, et regardent peu la personne.

BÉLINE.

Je vous trouve aujourd'hui bien raisonnante, et je voudrois bien savoir ce que vous voulez dire par-là.

ANGÉLIQUE.

Moi, madame, que voudrois-je dire que ce que je dis?

---

[1] Ancienne manière de s'exprimer dans la conversation, mais qu'on ne pourrait plus employer aujourd'hui.

BÉLINE.

Vous êtes si sotte, m'amie, qu'on ne sauroit plus vous souffrir.

ANGÉLIQUE.

Vous voudriez bien, madame, m'obliger à vous répondre quelque impertinence; mais je vous avertis que vous n'aurez pas cet avantage.

BÉLINE.

Il n'est rien d'égal à votre insolence.

ANGÉLIQUE.

Non, madame, vous avez beau dire.

BÉLINE.

Et vous avez un ridicule orgueil, une impertinente présomption, qui fait hausser les épaules à tout le monde.

ANGÉLIQUE.

Tout cela, madame, ne servira de rien; je serai sage en dépit de vous; et, pour vous ôter l'espérance de pouvoir réussir dans ce que vous voulez, je vais m'ôter de votre vue.

SCÈNE VIII.

ARGAN, BÉLINE, M. DIAFOIRUS, THOMAS DIAFOIRUS, TOINETTE.

ARGAN, à Angélique, qui sort.

Écoute, il n'y a point de milieu à cela: choisis d'épouser dans quatre jours ou monsieur, ou un couvent. (A Béline.) Ne vous mettez pas en peine, je la rangerai bien.

BÉLINE.

Je suis fâchée de vous quitter, mon fils; mais j'ai une affaire en ville dont je ne puis me dispenser. Je reviendrai bientôt.

ARGAN.

Allez, m'amour; et passez chez votre notaire, afin qu'il expédie ce que vous savez.

BÉLINE.

Adieu, mon petit ami.

ARGAN.

Adieu, m'amie.

SCÈNE IX.

ARGAN, M. DIAFOIRUS, THOMAS DIAFOIRUS, TOINETTE.

ARGAN.

Voilà une femme qui m'aime... Cela n'est pas croyable.

M. DIAFOIRUS.

Nous allons, monsieur, prendre congé de vous.

ARGAN.

Je vous prie, monsieur, de me dire un peu comment je suis.

M. DIAFOIRUS, tâtant le pouls d'Argan.

Allons, Thomas, prenez l'autre bras de monsieur, pour voir si vous saurez porter un bon jugement de son pouls. *Quid dicis?*

THOMAS DIAFOIRUS.

Dico que le pouls de monsieur est le pouls d'un homme qui ne se porte point bien.

ACTE II, SCÈNE IX.

M. DIAFOIRUS.

Bon.

THOMAS DIAFOIRUS.

Qu'il est duriuscule, pour ne pas dire dur.

M. DIAFOIRUS.

Fort bien.

THOMAS DIAFOIRUS.

Repoussant.

M. DIAFOIRUS.

Bene.

THOMAS DIAFOIRUS.

Et même un peu capricant.

M. DIAFOIRUS.

Optimè.

THOMAS DIAFOIRUS.

Ce qui marque une intempérie dans le *parenchyme splénique*, c'est-à-dire, la rate.

M. DIAFOIRUS.

Fort bien.

ARGAN.

Non; monsieur Purgon dit que c'est mon foie qui est malade.

M. DIAFOIRUS.

Eh! oui: qui dit *parenchyme* dit l'un et l'autre, à cause de l'étroite sympathie qu'ils ont ensemble par le moyen du *vas breve*, du *pylore*, et souvent des *méats cholidoques*. Il vous ordonne sans doute de manger force rôti?

ARGAN.

Non, rien que du bouilli.

M. DIAFOIRUS.

Eh! oui: rôti, bouilli, même chose. Il vous ordonne fort prudemment, et vous ne pouvez être en de meilleures mains.

ARGAN.

Monsieur, combien est-ce qu'il faut mettre de grains de sel dans un œuf?

M. DIAFOIRUS.

Six, huit, dix, par les nombres pairs, comme dans les médicaments par les nombres impairs.

ARGAN.

Jusqu'au revoir, monsieur.

SCÈNE X.

BÉLINE, ARGAN,

BÉLINE.

Je viens, mon fils, avant que de sortir, vous donner avis d'une chose à laquelle il faut que vous preniez garde. En passant par-devant la chambre d'Angélique, j'ai vu un jeune homme avec elle, qui s'est sauvé d'abord qu'il m'a vue.

ARGAN.

Un jeune homme avec ma fille?

BÉLINE.

Oui. Votre petite fille Louison étoit avec eux, qui pourra vous en dire des nouvelles.

ARGAN.

Envoyez-la ici, m'amour, envoyez-la ici. Ah! l'effrontée! (Seul.) Je ne m'étonne plus de sa résistance.

SCÈNE XI.

ARGAN, LOUISON.

LOUISON.

Qu'est-ce que vous me voulez, mon papa? Ma belle-maman m'a dit que vous me demandez.

ARGAN.

Oui, venez ça; avancez-là. Tournez-vous. Levez les yeux. Regardez-moi. Hé?

LOUISON.

Quoi, mon papa?

ARGAN.

Là?

LOUISON.

Quoi?

ARGAN.

N'avez-vous rien à me dire?

LOUISON.

Je vous dirai, si vous voulez, pour vous désennuyer, le conte de Peau-d'âne, ou bien la fable du corbeau et du renard, qu'on m'a apprise depuis peu.

ARGAN.

Ce n'est pas cela que je demande.

LOUISON.

Quoi donc?

ARGAN.

Ah! rusée, vous savez bien ce que je veux dire?

LOUISON.

Pardonnez-moi, mon papa.

ARGAN.

Est-ce là comme vous m'obéissez ?

LOUISON.

Quoi ?

ARGAN.

Ne vous ai-je pas recommandé de me venir dire d'abord tout ce que vous voyez ?

LOUISON.

Oui, mon papa.

ARGAN.

L'avez-vous fait ?

LOUISON.

Oui, mon papa. Je vous suis venue dire tout ce que j'ai vu.

ARGAN.

Et n'avez-vous rien vu aujourd'hui ?

LOUISON.

Non, mon papa.

ARGAN.

Non ?

LOUISON.

Non, mon papa.

ARGAN.

Assurément ?

LOUISON.

Assurément.

ARGAN.

Oh çà ! je m'en vais vous faire voir quelque chose, moi.

ACTE II, SCENE XI.

LOUISON, *voyant une poignée de verges qu'Argan a été prendre.*

Ah! mon papa!

ARGAN.

Ah! ah! petite masque, vous ne me dites pas que vous avez vu un homme dans la chambre de votre sœur!

LOUISON, *pleurant.*

Mon papa!

ARGAN, *prenant Louison par le bras.*

Voici qui vous apprendra à mentir.

LOUISON, *se jetant à genoux.*

Ah! mon papa, je vous demande pardon. C'est que ma sœur m'avoit dit de ne pas vous le dire : mais je m'en vais vous dire tout.

ARGAN.

Il faut premièrement que vous ayez le fouet pour avoir menti. Puis après, nous verrons au reste.

LOUISON.

Pardon, mon papa.

ARGAN.

Non, non.

LOUISON.

Mon pauvre papa, ne me donnez pas le fouet.

ARGAN.

Vous l'aurez.

LOUISON.

Au nom de Dieu, mon papa, que je ne l'aie pas!

ARGAN, *voulant la fouetter.*

Allons, allons.

LOUISON.

Ah! mon papa, vous m'avez blessée. Attendez, je suis morte.

(Elle contrefait la morte.)

ARGAN.

Holà! qu'est-ce là? Louison, Louison. Ah! mon dieu! Louison! Ah! ma fille! Ah! malheureux! ma pauvre fille est morte! Qu'ai-je fait, misérable? Ah! chiennes de verges! La peste soit des verges! Ah! ma pauvre fille! ma pauvre petite Louison!

LOUISON.

Là, là, mon papa, ne pleurez point tant : je ne suis pas morte tout-à-fait.

ARGAN.

Voyez-vous la petite rusée! Oh ça, ça, je vous pardonne pour cette fois-ci, pourvu que vous disiez bien tout.

LOUISON.

Oh! oui, mon papa.

ARGAN.

Prenez-y bien garde au moins : car voilà un petit doigt, qui sait tout, qui me dira si vous mentez.

LOUISON.

Mais, mon papa, ne dites pas à ma sœur que je vous l'ai dit.

ARGAN.

Non, non.

LOUISON, *après avoir regardé si personne n'écoute.*

C'est, mon papa, qu'il est venu un homme dans la chambre de ma sœur comme j'y étois.

ARGAN.

Hé bien?

LOUISON.

Je lui ai demandé ce qu'il demandoit, et il m'a dit qu'il étoit son maître à chanter.

ARGAN, à part.

Hom! hom! voilà l'affaire. (A Louison.) Hé bien?

LOUISON.

Ma sœur est venue après.

ARGAN.

Hé bien?

LOUISON.

Elle lui a dit, Sortez, sortez, sortez. Mon dieu, sortez, vous me mettez au désespoir.

ARGAN.

Hé bien?

LOUISON.

Et lui ne vouloit pas sortir.

ARGAN.

Qu'est-ce qu'il lui disoit?

LOUISON.

Il lui disoit je ne sais combien de choses.

ARGAN.

Et quoi encore?

LOUISON.

Il lui disoit tout-ci, tout-çà, qu'il l'aimoit bien, et qu'elle étoit la plus belle du monde.

ARGAN.

Et puis après?

LOUISON.

Et puis après, il se mettoit à genoux devant elle.

ARGAN.

Et puis après ?

LOUISON.

Et puis après, il lui baisoit les mains.

ARGAN.

Et puis après ?

LOUISON.

Et puis après, ma belle-maman est venue à la porte, et il s'est enfui.

ARGAN.

Il n'y a point autre chose ?

LOUISON.

Non, mon papa.

ARGAN.

Voilà mon petit doigt pourtant qui gronde quelque chose. (Mettant son doigt à son oreille.) Attendez. Hé! Ah! ah! Oui? Oh! oh! voilà mon petit doigt qui me dit quelque chose que vous avez vu et que vous ne m'avez pas dit.

LOUISON.

Ah! mon papa, votre petit doigt est un menteur.

ARGAN.

Prenez garde.

LOUISON.

Non, mon papa, ne le croyez pas; il ment, je vous assure.

ARGAN.

Oh bien! bien! nous verrons cela. Allez-vous-en, et prenez bien garde à tout; allez. (Seul.) Ah! il n'y a plus d'enfants! Ah! que d'affaires! je n'ai pas seulement le loisir de songer à ma maladie. En vérité, je n'en puis plus.

(Il se laisse tomber dans sa chaise.)

SCÈNE XII.

BÉRALDE, ARGAN.

BÉRALDE.

Hé bien! mon frère, qu'est-ce? Comment vous portez-vous?

ARGAN.

Ah! mon frère, fort mal.

BÉRALDE.

Comment fort mal?

ARGAN.

Oui. Je suis dans une foiblesse si grande, que cela n'est pas croyable.

BÉRALDE.

Voilà qui est fâcheux.

ARGAN.

Je n'ai pas seulement la force de pouvoir parler.

BÉRALDE.

J'étois venu ici, mon frère, vous proposer un parti pour ma nièce Angélique.

ARGAN, *parlant avec emportement, et se levant de sa chaise.*

Mon frère, ne me parlez point de cette coquine-là. C'est une friponne, une impertinente, une effrontée, que je mettrai dans un couvent avant qu'il soit deux jours.

BÉRALDE.

Ah! voilà qui est bien! Je suis bien aise que la force vous revienne un peu, et que ma visite vous fasse du bien. Oh çà! nous parlerons d'affaires tantôt. Je vous amène ici un divertissement que j'ai rencontré, qui dissipera votre chagrin, et vous rendra l'ame mieux disposée aux choses que nous avons à dire. Ce sont des Égyptiens vêtus en Maures, qui font des danses mêlées de chansons, où je suis sûr que vous prendrez plaisir; et cela vaudra bien une ordonnance de monsieur Purgon. Allons.

FIN DU SECOND ACTE.

SECOND INTERMEDE.

UN ÉGYPTIENNE chantante, UN ÉGYPTIEN chantant; ÉGYPTIENS et ÉGYPTIENNES dansants, vêtus en Maures, et portant des singes.

UNE ÉGYPTIENNE.

Profitez du printemps
De vos beaux ans,
Aimable jeunesse;
Profitez du printemps
De vos beaux ans;
Donnez-vous à la tendresse.
Les plaisirs les plus charmants,
Sans l'amoureuse flamme,
Pour contenter une ame
N'ont point d'attraits assez puissants.
Profitez du printemps
De vos beaux ans,
Aimable jeunesse;
Profitez du printemps,
De vos beaux ans;
Donnez-vous à la tendresse.

Ne perdez point ces précieux moments:
La beauté passe,

Le temps l'efface ;
L'âge de glace
Vient à sa place,
Qui nous ôte le goût de ces doux passe-temps.
Profitez du printemps
De vos beaux ans,
Aimable jeunesse ;
Profitez du printemps
De vos beaux ans ;
Donnez-vous à la tendresse.

PREMIÈRE ENTRÉE DE BALLET.

(Danse des Égyptiens et des Égyptiennes.)

UN ÉGYPTIEN.

Quand d'aimer on vous presse,
A quoi songez-vous ?
Nos cœurs dans la jeunesse,
N'ont vers la tendresse
Qu'un penchant trop doux.
L'amour a, pour nous prendre,
De si doux attraits,
Que de soi, sans attendre,
On voudroit se rendre
A ses premiers traits ;
Mais tout ce qu'on écoute
Des vives douleurs
Et des pleurs qu'il nous coûte,
Fait qu'on en redoute
Toutes les douceurs.

(à l'Égyptienne.)

Il est doux à votre âge,

INTERMÈDE II.

D'aimer tendrement
  Un amant
  Qui s'engage :
Mais s'il est volage,
Hélas ! quel tourment !

L'ÉGYPTIENNE.

L'amant qui se dégage
  N'est pas le malheur;
    La douleur
    Et la rage,
C'est que le volage
  Garde notre cœur.

L'ÉGYPTIEN.

Quel parti faut-il prendre
  Pour nos jeunes cœurs ?

L'ÉGYPTIENNE.

Faut-il nous en défendre
  Et fuir ses douceurs ?

L'ÉGYPTIEN.

Devons-nous nous y rendre
  Malgré ses rigueurs ?

TOUS DEUX ENSEMBLE.

Oui, suivons ses ardeurs,
Ses transports, ses caprices,
  Ses douces langueurs :
S'il a quelques supplices,
  Il a cent délices
  Qui charment les cœurs.

DEUXIÈME ENTRÉE DE BALLET.

(Les Égyptiens et Égyptiennes dansent, et font sauter des singes qu'ils ont amenés avec eux.

ACTE TROISIÈME.

SCÈNE I.

BÉRALDE, ARGAN, TOINETTE.

BÉRALDE.

Hé bien! mon frère, qu'en dites-vous? Cela ne vaut-il pas bien une prise de casse?

TOINETTE.

Hom! de bonne casse est bonne.

BÉRALDE.

Oh çà! voulez-vous que nous parlions un peu ensemble?

ARGAN.

Un peu de patience, mon frère; je vais revenir.

TOINETTE.

Tenez, monsieur, vous ne songez pas que vous ne sauriez marcher sans bâton.

ARGAN.

Tu as raison.

SCÈNE II.

BÉRALDE, TOINETTE.

TOINETTE.

N'abandonnez pas, s'il vous plaît, les intérêts de votre nièce.

BÉRALDE.

J'emploierai toutes choses pour lui obtenir ce qu'elle souhaite.

TOINETTE.

Il faut absolument empêcher ce mariage extravagant qu'il s'est mis dans la fantaisie; et j'avois songé en moi-même que ç'auroit été une bonne affaire de pouvoir introduire ici un médecin à notre poste, pour le dégoûter de son monsieur Purgon, et lui décrier sa conduite. Mais comme nous n'avons personne en main pour cela, j'ai résolu de jouer un tour de ma tête.

BÉRALDE.

Comment?

TOINETTE.

C'est une imagination burlesque. Cela sera peut-être plus heureux que sage. Laissez-moi faire. Agissez de votre côté. Voici notre homme.

SCÈNE III.

ARGAN, BÉRALDE.

BÉRALDE.

Vous voulez bien, mon frère, que je vous demande, avant toute chose, de ne vous point échauffer l'esprit dans notre conversation...

ARGAN.

Voilà qui est fait.

BÉRALDE.

De répondre sans nulle aigreur aux choses que je pourrai vous dire...

ARGAN.

Oui.

BÉRALDE.

Et de raisonner ensemble, sur les affaires dont nous avons à parler, avec un esprit détaché de toute passion.

ARGAN.

Mon dieu! oui. Voilà bien du préambule.

BÉRALDE.

D'où vient, mon frère, qu'ayant le bien que vous avez, et n'ayant d'enfants qu'une fille, car je ne compte pas la petite; d'où vient, dis-je, que vous parlez de la mettre dans un couvent?

ARGAN.

D'où vient, mon frère? Que je suis maître dans ma famille pour faire ce que bon me semble.

ACTE III, SCÈNE III.

BÉRALDE.

Votre femme ne manque pas de vous conseiller de vous défaire ainsi de vos deux filles, et je ne doute point que, par un esprit de charité, elle ne fût ravie de les voir toutes deux bonnes religieuses.

ARGAN.

Oh çà, nous y voici. Voilà d'abord la pauvre femme en jeu : c'est elle qui fait tout le mal, et tout le monde lui en veut.

BÉRALDE.

Non, mon frère; laissons-la là : c'est une femme qui a les meilleures intentions du monde pour votre famille, et qui est détachée de toute sorte d'intérêt; qui a pour vous une tendresse merveilleuse, et qui montre pour vos enfants une affection et une bonté qui n'est pas concevable, cela est certain. N'en parlons point, et revenons à votre fille. Sur quelle pensée, mon frère, la voulez-vous donner en mariage au fils d'un médecin?

ARGAN.

Sur la pensée, mon frère, de me donner un gendre tel qu'il me faut.

BÉRALDE.

Ce n'est point là, mon frère, le fait de votre fille; et il se présente un parti plus sortable pour elle.

ARGAN.

Oui; mais celui-ci, mon frère, est plus sortable pour moi.

BÉRALDE.

Mais le mari qu'elle doit prendre doit-il être, mon frère, ou pour elle, ou pour vous?

ARGAN.

Il doit être, mon frère, et pour elle et pour moi; et je veux mettre dans ma famille les gens dont j'ai besoin.

BÉRALDE.

Par cette raison-là, si votre petite étoit grande, vous lui donneriez en mariage un apothicaire.

ARGAN.

Pourquoi non?

BÉRALDE.

Est-il possible que vous soyez toujours embéguiné de vos apothicaires et de vos médecins, et que vous vouliez être malade en dépit des gens et de la nature?

ARGAN.

Comment l'entendez-vous, mon frère?

BÉRALDE.

J'entends, mon frère, que je ne vois point d'homme qui soit moins malade que vous, et que je ne demanderois point une meilleure constitution que la vôtre. Une grande marque que vous vous portez bien, et que vous avez un corps parfaitement bien composé, c'est qu'avec tous les soins que vous avez pris, vous n'avez pu parvenir encore à gâter la bonté de votre tempérament, et que vous n'êtes point crevé de toutes les médecines qu'on vous a fait prendre.

ARGAN.

Mais savez-vous, mon frère, que c'est cela qui me conserve; et que monsieur Purgon dit que je succomberois, s'il étoit seulement trois jours sans prendre soin de moi?

BÉRALDE.

Si vous n'y prenez garde, il prendra tant de soin de vous, qu'il vous enverra dans l'autre monde.

ARGAN.

Mais raisonnons un peu, mon frère. Vous ne croyez donc point à la médecine?

BÉRALDE.

Non, mon frère; et je ne vois pas que, pour son salut, il soit nécessaire d'y croire.

ARGAN.

Quoi! vous ne tenez pas véritable une chose établie par tout le monde, et que tous les siècles ont révérée?

BÉRALDE.

Bien loin de la tenir véritable, je la trouve, entre nous, une des plus grandes folies qui soient parmi les hommes; et, à regarder les choses en philosophe, je ne vois point de plus plaisante momerie, je ne vois rien de plus ridicule, qu'un homme qui se veut mêler d'en guérir un autre.

ARGAN.

Pourquoi ne voulez-vous pas, mon frère, qu'un homme en puisse guérir un autre?

BÉRALDE.

Par la raison, mon frère, que les ressorts de notre machine sont des mystères jusqu'ici où les hommes ne voient goutte, et que la nature nous a mis au-devant des yeux des voiles trop épais pour y connoître quelque chose.

ARGAN.

Les médecins ne savent donc rien, à votre compte?

BÉRALDE.

Si fait, mon frère : ils savent la plupart de fort belles humanités,[1] savent parler en beau latin, savent nommer en grec toutes les maladies, les définir et les diviser; mais

---

[1] *Ils savent de fort belles humanités* ; ancienne façon de parler qui

pour ce qui est de les guérir, c'est ce qu'ils ne savent point du tout.

ARGAN.

Mais toujours faut-il demeurer d'accord que, sur cette matière, les médecins en savent plus que les autres.

BÉRALDE.

Ils savent, mon frère, ce que je vous ai dit, qui ne guérit pas de grand'chose; et toute l'excellence de leur art consiste en un pompeux galimatias, en un spécieux babil, qui vous donne des mots pour des raisons, et des promesses pour des effets.

ARGAN.

Mais enfin, mon frère, il y a des gens aussi sages et aussi habiles que vous; et nous voyons que dans la maladie tout le monde a recours aux médecins.

BÉRALDE.

C'est une marque de la foiblesse humaine, et non pas de la vérité de leur art.

ARGAN.

Mais il faut bien que les médecins croient leur art véritable, puisqu'ils s'en servent pour eux-mêmes.

BÉRALDE.

C'est qu'il y en a parmi eux qui sont eux-mêmes dans l'erreur populaire, dont ils profitent, et d'autres qui en profitent sans y être. Votre monsieur Purgon, par exemple, n'y fait point de finesse : c'est un homme tout médecin depuis la tête jusqu'aux pieds; un homme qui croit à ses règles plus qu'à toutes les démonstrations des mathé-

---

veut dire, *que les médecins sont instruits de ce qu'on enseigne dans les classes d'humanités.*

matiques, et qui croiroit du crime à les vouloir examiner; qui ne voit rien d'obscur dans la médecine, rien de douteux, rien de difficile ; et qui, avec une impétuosité de prévention, une roideur de confiance, une brutalité de sens commun et de raison, donne au travers des purgations et des saignées, et ne balance aucune chose. Il ne lui faut point vouloir mal de tout ce qu'il pourra vous faire, c'est de la meilleure foi du monde qu'il vous expédiera; et il ne fera, en vous tuant, que ce qu'il a fait à sa femme et à ses enfants, et ce qu'en un besoin il feroit à lui-même.

ARGAN.

C'est que vous avez, mon frère, une dent de lait contre lui. Mais enfin venons au fait. Que faire donc quand on est malade?

BÉRALDE.

Rien, mon frère.

ARGAN.

Rien?

BÉRALDE.

Rien. Il ne faut que demeurer en repos. La nature d'elle-même, quand nous la laissons faire, se tire doucement du désordre où elle est tombée. C'est notre inquiétude, c'est notre impatience qui gâte tout ; et presque tous les hommes meurent de leurs remèdes, et non pas de leurs maladies.

ARGAN.

Mais il faut demeurer d'accord, mon frère, qu'on peut aider cette nature par de certaines choses.

BÉRALDE.

Mon dieu, mon frère, ce sont pures idées dont nous

aimons à nous repaître ; et de tout temps il s'est glissé parmi les hommes de belles imaginations, que nous venons à croire parce qu'elles nous flattent, et qu'il seroit à souhaiter qu'elles fussent véritables. Lorsqu'un médecin vous parle d'aider, de secourir, de soulager la nature, de lui ôter ce qui lui nuit et lui donner ce qui lui manque, de la rétablir et de la remettre dans une pleine facilité de ses fonctions ; lorsqu'il vous parle de rectifier le sang, de tempérer les entrailles et le cerveau, de dégonfler la rate, de raccommoder la poitrine, de réparer le foie, de fortifier le cœur, de rétablir et conserver la chaleur naturelle, et d'avoir des secrets pour étendre la vie à de longues années ; il vous dit justement le roman de la médecine. Mais quand vous en venez à la vérité et à l'expérience, vous ne trouvez rien de tout cela ; et il en est comme de ces beaux songes qui ne vous laissent au réveil que le déplaisir de les avoir crus.

ARGAN.

C'est-à-dire que toute la science du monde est renfermée dans votre tête ; et vous voulez en savoir plus que tous les grands médecins de notre siècle.

BÉRALDE.

Dans les discours et dans les choses, ce sont deux sortes de personnages que vos grands médecins : entendez-les parler ; les plus habiles gens du monde : voyez-les faire ; les plus ignorants de tous les hommes.

ARGAN.

Ouais ! vous êtes un grand docteur, à ce que je vois ; et je voudrois bien qu'il y eût ici quelqu'un de ces messieurs pour rembarrer vos raisonnements et rabaisser votre caquet.

ACTE III, SCÈNE III.

BÉRALDE.

Moi, mon frère, je ne prends point à tâche de combattre la médecine; et chacun, à ses périls et fortune, peut croire tout ce qu'il lui plaît. Ce que j'en dis n'est qu'entre nous; et j'aurois souhaité de pouvoir un peu vous tirer de l'erreur où vous êtes, et, pour vous divertir, vous mener voir sur ce chapitre quelqu'une des comédies de Molière.

ARGAN.

C'est un bon impertinent que votre Molière, avec ses comédies; et je le trouve bien plaisant d'aller jouer d'honnêtes gens comme les médecins!

BÉRALDE.

Ce ne sont point les médecins qu'il joue; mais le ridicule de la médecine.

ARGAN.

C'est bien à lui à faire de se mêler de contrôler la médecine! Voilà un bon nigaud, un bon impertinent, de se moquer des consultations et des ordonnances, de s'attaquer au corps des médecins; et d'aller mettre sur son théâtre des personnes vénérables comme ces messieurs-là!

BÉRALDE.

Que voulez-vous qu'il y mette que les diverses professions des hommes? On y met bien tous les jours les princes et les rois, qui sont d'aussi bonne maison que les médecins.

ARGAN.

Par la mort non de diable! si j'étois que des médecins, je me vengerois de son impertinence; et quand il sera malade, je le laisserois mourir sans secours. Il auroit beau faire et beau dire, je ne lui ordonnerois pas la moindre petite saignée, le moindre petit lavement; et je lui dirois, Crève, crève; cela t'apprendra une autre fois à te jouer à la faculté.

BÉRALDE.

Vous voilà bien en colère contre lui.

ARGAN.

Oui, c'est un malavisé ; et si les médecins sont sages, ils feront ce que je dis.

BÉRALDE.

Il sera encore plus sage que vos médecins; car il ne leur demandera point de secours.

ARGAN.

Tant pis pour lui, s'il n'a point recours aux remèdes.

BÉRALDE.

Il a ses raisons pour n'en point vouloir, et il soutient que cela n'est permis qu'aux gens vigoureux et robustes, et qui ont des forces de reste pour porter les remèdes avec la maladie; mais que, pour lui, il n'a justement de la force que pour porter son mal.

ARGAN.

Les sottes raisons que voilà! Tenez, mon frère, ne parlons point de cet homme-là davantage, car cela m'échauffe la bile, et vous me donneriez mon mal.

BÉRALDE.

Je le veux bien, mon frère : et pour changer de discours, je vous dirai que, sur une petite répugnance que vous témoigne votre fille, vous ne devez point prendre les résolutions violentes de la mettre dans un couvent; que, pour le choix d'un gendre, il ne vous faut pas suivre aveuglément la passion qui vous emporte; et qu'on doit, sur cette matière, s'accommoder un peu à l'inclination d'une fille, puisque c'est pour toute la vie, et que de là dépend tout le bonheur d'un mariage.

SCÈNE IV.

M. FLEURANT, une seringue à la main ; ARGAN, BÉRALDE.

ARGAN.

Ah! mon frère, avec votre permission.

BÉRALDE.

Comment! que voulez-vous faire?

ARGAN.

Prendre ce petit lavement-là, ce sera bientôt fait.

BÉRALDE.

Vous vous moquez : est-ce que vous ne sauriez être un moment sans lavement ou sans médecine? Remettez cela à une autre fois, et demeurez un peu en repos.

ARGAN.

Monsieur Fleurant, à ce soir, ou à demain au matin.

M. FLEURANT, à Béralde.

De quoi vous mêlez-vous de vous opposer aux ordonnances de la médecine, et d'empêcher monsieur de prendre mon clystère? Vous êtes bien plaisant d'avoir cette hardiesse-là!

BÉRALDE.

Allez, monsieur, on voit bien que vous n'avez pas accoutumé de parler à des visages.

M. FLEURANT.

On ne doit point ainsi se jouer des remèdes, et me faire perdre mon temps. Je ne suis venu ici que sur une bonne ordonnance; et je vais dire à monsieur Purgon comme on m'a empêché d'exécuter ses ordres, et de faire ma fonction. Vous verrez, vous verrez.

SCÈNE V.

ARGAN, BÉRALDE.

ARGAN.

Mon frère, vous serez cause ici de quelque malheur.

BÉRALDE.

Le grand malheur de ne pas prendre un lavement que monsieur Purgon a ordonné! Encore un coup, mon frère, est-il possible qu'il n'y ait pas moyen de vous guérir de la maladie des médecins, et que vous vouliez être toute votre vie enseveli dans leurs remèdes!

ARGAN.

Mon dieu! mon frère, vous en parlez comme un homme qui se porte bien : mais si vous étiez à ma place, vous changeriez bien de langage. Il est aisé de parler contre la médecine quand on est en pleine santé.

BÉRALDE.

Mais quel mal avez-vous?

ARGAN.

Vous me feriez enrager! Je voudrois que vous l'eussiez, mon mal, pour voir si vous jaseriez tant. Ah! voici monsieur Purgon.

SCÈNE VI.

M. PURGON, ARGAN, BÉRALDE, TOINETTE.

M. PURGON.

Je viens d'apprendre là-bas à la porte de jolies nouvelles; qu'on se moque ici de mes ordonnances, et qu'on a fait refus de prendre le remède que j'avois prescrit.

ARGAN.

Monsieur, ce n'est pas...

M. PURGON.

Voilà une hardiesse bien grande, une étrange rébellion d'un malade contre son médecin!

TOINETTE.

Cela est épouvantable.

M. PURGON.

Un clystère que j'avois pris plaisir à composer moi-même!

ARGAN.

Ce n'est pas moi...

M. PURGON.

Inventé et formé dans toutes les règles de l'art,

TOINETTE.

Il a tort.

M. PURGON.

Et qui devoit faire dans des entrailles un effet merveilleux,

ARGAN.

Mon frère...

M. PURGON.

Le renvoyer avec mépris,

ARGAN, montrant Béralde.

C'est lui....

M. PURGON.

C'est une action exorbitante,

TOINETTE.

Cela est vrai...

M. PURGON.

Un attentat énorme contre la médecine,

ARGAN, montrant Béralde.

Il est cause....

M. PURGON.

Un crime de lèse-faculté, qui ne se peut assez punir.

TOINETTE.

Vous avez raison.

M. PURGON.

Je vous déclare que je romps commerce avec vous;

ARGAN.

C'est mon frère...

M. PURGON.

Que je ne veux plus d'alliance avec vous;

TOINETTE.

Vous ferez bien.

M. PURGON.

Et que, pour finir toute liaison avec vous, voilà la donation que je faisois à mon neveu en faveur du mariage.

ARGAN.

C'est mon frère qui a fait tout le mal.

M. PURGON.

Mépriser mon clystère!

ACTE III, SCÈNE VI.

ARGAN.

Faites-le venir, je m'en vais le prendre.

M. PURGON.

Je vous aurois tiré d'affaire avant qu'il fût peu.

TOINETTE.

Il ne le mérite pas.

M. PURGON.

J'allois nettoyer votre corps et en évacuer entièrement les mauvaises humeurs;

ARGAN.

Ah! mon frère!

M. PURGON.

Et je ne voulois plus qu'une douzaine de médecines pour vider le fond du sac.

TOINETTE.

Il est indigne de vos soins.

M. PURGON.

Mais puisque vous n'avez pas voulu guérir par mes mains,

ARGAN.

Ce n'est pas ma faute.

M. PURGON.

Puisque vous vous êtes soustrait de l'obéissance que l'on doit à son médecin,

TOINETTE.

Cela crie vengeance.

M. PURGON.

Puisque vous vous êtes déclaré rebelle aux remèdes que je vous ordonnois,

ARGAN.

Hé! point du tout.

M. PURGON.

J'ai à vous dire que je vous abandonne à votre mauvaise constitution, à l'intempérie de vos entrailles, à la corruption de votre sang, à l'âcreté de votre bile, et à la féculence de vos humeurs.

TOINETTE.

C'est fort bien fait.

ARGAN.

Mon dieu!

M. PURGON.

Et je veux qu'avant qu'il soit quatre jours vous deveniez dans un état incurable;

ARGAN.

Ah! miséricorde!

M. PURGON.

Que vous tombiez dans la bradipepsie,

ARGAN.

Monsieur Purgon!

M. PURGON.

De la bradipepsie dans la dispepsie.

ARGAN.

Monsieur Purgon!

M. PURGON.

De la dispepsie dans l'apepsie,

ARGAN.

Monsieur Purgon!

M. PURGON.

De l'apepsie dans la lienterie,

ARGAN.

Monsieur Purgon!

M. PURGON.

De la lienterie dans la dyssenterie,

ARGAN.

Monsieur Purgon!

M. PURGON.

De la dyssenterie dans l'hydropisie,

ARGAN.

Monsieur Purgon!

M. PURGON.

Et de l'hydropisie dans la privation de la vie, où vous aura conduit votre folie.

SCÈNE VII.

ARGAN, BÉRALDE.

ARGAN.

Ah! mon dieu! je suis mort! Mon frère, vous m'avez perdu!

BÉRALDE.

Quoi? qu'y a-t-il?

ARGAN.

Je n'en puis plus. Je sens que déjà la médecine se venge.

BÉRALDE.

Ma foi, mon frère, vous êtes fou; et je ne voudrois pas pour beaucoup de choses qu'on vous vît faire ce que vous faites. Tâtez-vous un peu, je vous prie; revenez à vous-même, et ne donnez point tant à votre imagination.

ARGAN.

Vous voyez, mon frère, les étranges maladies dont il m'a menacé.

BÉRALDE.

Le simple homme que vous êtes!

ARGAN.

Il dit que je deviendrai incurable avant qu'il soit quatre jours.

BÉRALDE.

Et ce qu'il dit, que fait-il à la chose? Est-ce un oracle qui a parlé? Il semble, à vous entendre, que monsieur Purgon tienne dans ses mains le filet de vos jours, et que, d'autorité suprême, il vous l'allonge et vous le raccourcisse comme il lui plaît. Songez que les principes de votre vie sont en vous-même, et que le courroux de monsieur Purgon est aussi peu capable de vous faire mourir, que ses remèdes de vous faire vivre. Voici une aventure, si vous voulez, à vous défaire des médecins; ou, si vous êtes né à ne pouvoir vous en passer, il est aisé d'en avoir un autre, avec lequel, mon frère, vous puissiez courir un peu moins de risque.

ARGAN.

Ah! mon frère, il sait tout mon tempérament, et la manière dont il faut me gouverner.

BÉRALDE.

Il faut avouer que vous êtes un homme d'une grande prévention, et que vous voyez les choses avec d'étranges yeux.

SCÈNE VIII.

ARGAN, BÉRALDE, TOINETTE.

TOINETTE, à Argan.

Monsieur, voilà un médecin qui demande à vous voir.

ARGAN.

Et quel médecin ?

TOINETTE.

Un médecin de la médecine.

ARGAN.

Je te demande qui il est.

TOINETTE.

Je ne le connois pas, mais il me ressemble comme deux gouttes d'eau ; et si je n'étois sûre que ma mère étoit honnête femme, je dirois que ce seroit quelque petit frère qu'elle m'auroit donné depuis le trépas de mon père.

ARGAN.

Fais-le venir.

SCÈNE IX.

ARGAN, BÉRALDE.

BÉRALDE.

Vous êtes servi à souhait ; un médecin vous quitte, un autre se présente.

ARGAN.

J'ai bien peur que vous ne soyez cause de quelque malheur.

BÉRALDE.

Encore! vous en revenez toujours là.

ARGAN.

Voyez-vous; j'ai sur le cœur toutes ces maladies-là que je ne connois point, ces...

SCÈNE X.

ARGAN, BÉRALDE; TOINETTE, en médecin.

TOINETTE.

Monsieur; agréez que je vienne vous rendre visite, et vous offrir mes petits services pour toutes les saignées et les purgations dont vous aurez besoin.

ARGAN.

Monsieur, je vous suis fort obligé. (A Béralde.) Par ma foi, voilà Toinette elle-même.

TOINETTE.

Monsieur, je vous prie de m'excuser, j'ai oublié de donner une commission à mon valet; je reviens tout-à-l'heure.

ARGAN, BÉRALDE.

ARGAN.

Hé! ne diriez-vous pas que c'est effectivement Toinette?

BÉRALDE.

Il est vrai que la ressemblance est tout-à-fait grande.

Mais ce n'est pas la première fois qu'on a vu de ces sortes de choses, et les histoires ne sont pleines que de ces jeux de la nature.

ARGAN.

Pour moi, j'en suis surpris; et...

SCÈNE XII.

ARGAN, BÉRALDE, TOINETTE.

TOINETTE.

Que voulez-vous, monsieur?

ARGAN.

Comment?

TOINETTE.

Ne m'avez-vous pas appelée?

ARGAN.

Moi? non.

TOINETTE.

Il faut donc que les oreilles m'aient corné.

ARGAN.

Demeurez un peu ici pour voir comme ce médecin ressemble.

TOINETTE.

Oui, vraiment! j'ai affaire la-bas, et je l'ai assez vu.

SCÈNE XIII.

ARGAN, BÉRALDE.

ARGAN.

Si je ne les voyois tous deux, je croirois que ce n'est qu'un.

BÉRALDE.

J'ai lu des choses surprenantes de ces sortes de ressemblances; et nous en avons vu, de notre temps, où tout le monde s'est trompé.

ARGAN.

Pour moi, j'aurois été trompé à celle-là; et j'aurois juré que c'est la même personne.

SCÈNE XIV.

ARGAN, BÉRALDE; TOINETTE, en médecin.

TOINETTE.

Monsieur, je vous demande pardon de tout mon cœur.

ARGAN, bas, à Béralde.

Cela est admirable.

TOINETTE.

Vous ne trouverez pas mauvais, s'il vous plaît, la curiosité que j'aie eue de voir un illustre malade comme vous êtes; et votre réputation, qui s'étend partout, peut excuser la liberté que j'ai prise.

ACTE III, SCÈNE XIV.

ARGAN.

Monsieur, je suis votre serviteur.

TOINETTE.

Je vois, monsieur, que vous me regardez fixément. Quel âge croyez-vous bien que j'aie?

ARGAN.

Je crois que tout au plus vous pouvez avoir vingt-six ou vingt-sept ans.

TOINETTE.

Ah! ah! ah! ah! ah! J'en ai quatre-vingt-dix.

ARGAN.

Quatre-vingt-dix?

TOINETTE.

Oui. Vous voyez un effet des secrets de mon art, de me conserver ainsi frais et vigoureux.

ARGAN.

Par ma foi, voilà un beau jeune vieillard pour quatre-vingt-dix ans.

TOINETTE.

Je suis médecin passager qui vais de ville en ville, de province en province, de royaume en royaume, pour chercher d'illustres matières à ma capacité, pour trouver des malades dignes de m'occuper, capables d'exercer les grands et beaux secrets que j'ai trouvés dans la médecine. Je dédaigne de m'amuser à ce menu fatras de maladies ordinaires, à ces bagatelles de rhumatismes et de fluxions, à ces fiévrotes, à ces vapeurs et à ces migraines. Je veux des maladies d'importance, de bonnes fièvres continues avec des transports au cerveau, de bonnes fièvres pourprées, de bonnes pestes, de bonnes hydropisies formées, de bonnes pleurésies avec des inflammations de poitrine; c'est là que je me plais, c'est là que je triomphe; et je voudrois, monsieur, que vous eussiez toutes les maladies que je viens de dire, que vous fussiez abandonné de tous les médecins, désespéré, à l'agonie, pour vous montrer l'excellence de mes remèdes, et l'envie que j'aurois de vous rendre service.

ARGAN.

Je vous suis obligé, monsieur, des bontés que vous avez pour moi.

TOINETTE.

Donnez-moi votre pouls. Allons donc, que l'on batte comme il faut. Ah! je vous ferai bien aller comme vous devez. Ouais! ce pouls-là fait l'impertinent. Je vois bien que vous ne me connoissez pas encore. Qui est votre médecin?

ARGAN.

Monsieur Purgon.

TOINETTE.

Cet homme-là n'est point écrit sur mes tablettes entre les grands médecins. De quoi dit-il que vous êtes malade?

ARGAN.

Il dit que c'est du foie, et d'autres disent que c'est de la rate.

TOINETTE.

Ce sont tous des ignorants; c'est du poumon que vous êtes malade.

ARGAN.

Du poumon?

ACTE III, SCÈNE XIV.

TOINETTE.

Oui. Que sentez-vous?

ARGAN.

Je sens de temps en temps des douleurs de tête.

TOINETTE.

Justement, le poumon.

ARGAN.

Il me semble parfois que j'ai un voile devant les yeux.

TOINETTE.

Le poumon.

ARGAN.

J'ai quelquefois des maux de cœur.

TOINETTE.

Le poumon.

ARGAN.

Je sens parfois des lassitudes par tous les membres.

TOINETTE.

Le poumon.

ARGAN.

Et quelquefois il me prend des douleurs dans le ventre, comme si c'étoit des coliques.

TOINETTE.

Le poumon. Vous avez appétit à ce que vous mangez?

ARGAN.

Oui, monsieur.

TOINETTE.

Le poumon. Vous aimez à boire un peu de vin?

ARGAN.

Oui, monsieur.

TOINETTE.

Le poumon. Il vous prend un petit sommeil après le repas, et vous êtes bien aise de dormir?

ARGAN.

Oui, monsieur.

TOINETTE.

Le poumon, le poumon, vous dis-je. Que vous ordonne votre médecin pour votre nourriture ?

ARGAN.

Il m'ordonne du potage,

TOINETTE

Ignorant !

ARGAN.

De la volaille,

TOINETTE.

Ignorant !

ARGAN.

Du veau.

TOINETTE.

Ignorant !

ARGAN.

Des bouillons,

TOINETTE.

Ignorant !

ARGAN.

Des œufs frais,

TOINETTE.

Ignorant !

ARGAN.

Et le soir de petits pruneaux pour lâcher le ventre ;

TOINETTE.

Ignorant !

ARGAN.

Et surtout de boire mon vin fort trempé.

TOINETTE.

Ignorantus, ignoranta, ignorantum! Il faut boire votre vin pur; et pour épaissir votre sang qui est trop subtil, il faut manger de bon gros bœuf, de bon gros porc, de bon fromage de Hollande, du gruau et du riz, et des marrons et des oublies, pour coller et conglutiner. Votre médecin est une bête. Je veux vous en envoyer un de ma main, et je viendrai vous voir de temps en temps, tandis que je serai en cette ville.

ARGAN.

Vous m'obligerez beaucoup.

TOINETTE.

Que diantre faites-vous de ce bras-là?

ARGAN.

Comment?

TOINETTE.

Voilà un bras que je me ferois couper tout-à-l'heure, si j'étois que de vous.

ARGAN.

Et pourquoi?

TOINETTE.

Ne voyez-vous pas qu'il tire à soi toute la nourriture, et qu'il empêche ce côté-là de profiter?

ARGAN.

Oui, mais j'ai besoin de mon bras.

TOINETTE.

Vous avez là aussi un œil droit que je me ferois crever, si j'étois en votre place.

ARGAN.

Crever un œil?

TOINETTE.

Ne voyez-vous pas qu'il incommode l'autre, et lui dérobe sa nourriture? Croyez-moi, faites-vous le crever au plus tôt, vous en verrez plus clair de l'œil gauche?

ARGAN.

Cela n'est pas pressé.

TOINETTE.

Adieu. Je suis fâché de vous quitter sitôt; mais il faut que je me trouve à une grande consultation qui se doit faire pour un homme qui mourut hier.

ARGAN.

Pour un homme qui mourut hier?

TOINETTE.

Oui, pour aviser et voir ce qu'il auroit fallu lui faire pour le guérir. Jusqu'au revoir.

ARGAN.

Vous savez que les malades ne reconduisent point.

SCÈNE XV.

ARGAN, BÉRALDE.

BÉRALDE.

Voilà un médecin, vraiment, qui paroît fort habile.

ARGAN.

Oui; mais il y va un peu bien vite.

BÉRALDE.

Tous les grands médecins sont comme cela.

ARGAN.

Me couper un bras et me crever un œil, afin que l'autre se porte mieux! J'aime bien mieux qu'il ne se porte pas si bien. La belle opération de me rendre borgne et manchot!

SCÈNE XVI.

ARGAN, BÉRALDE, TOINETTE.

TOINETTE, feignant de parler à quelqu'un.

Allons, allons, je suis votre servante. Je n'ai pas envie de rire.

ARGAN.

Qu'est-ce que c'est?

TOINETTE.

Votre médecin, ma foi, qui me vouloit tâter le pouls.

ARGAN.

Voyez un peu, à l'âge de quatre-vingt-dix ans!

BÉRALDE.

Oh çà, mon frère, puisque voilà votre monsieur Purgon brouillé avec vous, ne voulez-vous pas bien que je vous parle du parti qui s'offre pour ma nièce?

ARGAN.

Non, mon frère; je veux la mettre dans un couvent, puisqu'elle s'est opposée à mes volontés. Je vois bien qu'il y a quelque amourette là-dessous; et j'ai découvert certaine entrevue secrète qu'on ne sait pas que j'ai découverte.

BÉRALDE.

Hé bien! mon frère, quand il y auroit quelque petite

inclination, cela seroit-il si criminel? Et rien peut-il vous offenser, quand tout ne va qu'à des choses honnêtes, comme le mariage?

ARGAN.

Quoi qu'il en soit, mon frère, elle sera religieuse, c'est une chose résolue.

BÉRALDE.

Vous voulez faire plaisir à quelqu'un.

ARGAN.

Je vous entends. Vous en revenez toujours là, et ma femme vous tient au cœur.

BÉRALDE.

Hé bien! oui, mon frère, puisqu'il faut parler à cœur ouvert; c'est votre femme que je veux dire; et, non plus que l'entêtement de la médecine, je ne puis vous souffrir l'entêtement où vous êtes pour elle, et voir que vous donniez tête baissée dans tous les piéges qu'elle vous tend.

TOINETTE.

Ah! monsieur, ne parlez point de madame : c'est une femme sur laquelle il n'y a rien à dire, une femme sans artifice, et qui aime monsieur, qui l'aime... On ne peut pas dire cela.

ARGAN.

Demandez-lui un peu les caresses qu'elle me fait.

TOINETTE.

Cela est vrai.

ARGAN.

L'inquiétude que lui donne ma maladie.

TOINETTE.

Assurément.

ACTE III, SCÈNE II.

ARGAN.

Et les soins et les peines qu'elle prend autour de moi.

TOINETTE.

Il est certain. (A Béralde) Voulez-vous que je vous convainque, et vous fasse voir tout à l'heure comme madame aime monsieur? (A Argan.) Monsieur, souffrez que je lui montre son béjaune [1], et le tire d'erreur.

ARGAN.

Comment?

TOINETTE.

Madame s'en va revenir; mettez-vous tout étendu dans cette chaise, et contrefaites le mort; vous verrez la douleur où elle sera quand je lui dirai la nouvelle.

ARGAN.

Je le veux bien.

TOINETTE.

Oui; mais ne la laissez pas long-temps dans le désespoir, car elle en pourroit bien mourir.

ARGAN.

Laisse-moi faire.

TOINETTE, à Béralde.

Cachez-vous, vous, dans ce coin-là.

SCÈNE XVII.

ARGAN, TOINETTE.

ARGAN.

N'y a-t-il point quelque danger à contrefaire le mort?

---

[1] Expression proverbiale tirée de la fauconnerie. Au figuré, il signifie *ignorance*, *bévue*.

TOINETTE.

Non, non. Quel danger y auroit-il? Étendez-vous seulement. Il y aura plaisir à confondre votre frère. Voici madame. Tenez-vous bien.

SCÈNE XVIII.

BÉLINE; ARGAN, étendu dans sa chaise; TOINETTE.

TOINETTE, *feignant de ne pas voir Béline.*

Ah! mon dieu! Ah malheur! Quel étrange accident!

BÉLINE.

Qu'est-ce, Toinette?

TOINETTE.

Ah! madame!

BÉLINE.

Qu'y a-t-il?

TOINETTE.

Votre mari est mort.

BÉLINE.

Mon mari est mort?

TOINETTE.

Hélas! oui, le pauvre défunt est trépassé.

BÉLINE.

Assurément?

TOINETTE.

Assurément. Personne ne sait encore cet accident-là; et je me suis trouvée ici toute seule. Il vient de passer entre mes bras. Tenez, le voilà tout de son long dans cette chaise.

ACTE III, SCÈNE XVIII.

BÉLINE.

Le ciel en soit loué! Me voilà délivrée d'un grand fardeau! Que tu es sotte, Toinette, de t'affliger de cette mort!

TOINETTE.

Je pensois, madame, qu'il fallût pleurer.

BÉLINE.

Va, va, cela n'en vaut pas la peine. Quelle perte est-ce que la sienne? Et de quoi servoit-il sur la terre? Un homme incommode à tout le monde, malpropre, dégoûtant; sans cesse un lavement ou une médecine dans le ventre; mouchant, toussant, crachant toujours; sans esprit, ennuyeux, de mauvaise humeur, fatiguant sans cesse les gens, et grondant jour et nuit servantes et valets.

TOINETTE.

Voilà une belle oraison funèbre!

BÉLINE.

Il faut, Toinette, que tu m'aides à exécuter mon dessein; et tu peux croire qu'en me servant, ta récompense est sûre. Puisque, par un bonheur, personne n'est encore averti de la chose, portons-le dans son lit, et tenons cette mort cachée jusqu'à ce que j'aie fait mon affaire. Il y a des papiers, il y a de l'argent, dont je me veux saisir; et il n'est pas juste que j'aie passé sans fruit, auprès de lui, mes plus belles années. Viens, Toinette; prenons auparavant toutes ses clefs.

ARGAN, se levant brusquement.

Doucement!

BÉLINE.

Ahi!

ARGAN.

Oui, madame ma femme, c'est ainsi que vous m'aimez!

TOINETTE.

Ah! ah! le défunt n'est pas mort!

ARGAN, à Béline, qui sort.

Je suis bien aise de voir votre amitié, et d'avoir entendu le beau panégyrique que vous avez fait de moi. Voilà un avis au lecteur qui me rendra sage à l'avenir, et qui m'empêchera de faire bien des choses.

SCÈNE XIX.

BÉRALDE, sortant de l'endroit où il s'étoit caché; ARGAN, TOINETTE.

BÉRALDE.

Hé bien! mon frère, vous le voyez.

TOINETTE.

Par ma foi, je n'aurois jamais cru cela. Mais j'entends votre fille : remettez-vous comme vous étiez, et voyons de quelle manière elle recevra votre mort. C'est une chose qu'il n'est pas mauvais d'éprouver; et puisque vous êtes en train, vous connoîtrez par là les sentiments que votre famille a pour vous.

(Béralde va encore se cacher.)

SCÈNE XX.

ARGAN, ANGÉLIQUE, TOINETTE.

TOINETTE, feignant de ne pas voir Angélique.

O ciel! ah! fâcheuse aventure! malheureuse journée!

ANGÉLIQUE.

Qu'as-tu, Toinette? et de quoi pleures-tu?

TOINETTE.

Hélas! j'ai de tristes nouvelles à vous donner.

ANGÉLIQUE.

Hé quoi?

TOINETTE.

Votre père est mort.

ANGÉLIQUE.

Mon père est mort, Toinette?

TOINETTE.

Oui. Vous le voyez là; il vient de mourir tout à l'heure d'une foiblesse qui lui a pris.

ANGÉLIQUE.

O ciel! quelle infortune! quelle atteinte cruelle! Hélas! faut-il que je perde mon père, la seule chose qui me restoit au monde, et qu'encore, pour un surcroît de désespoir, je le perde dans un moment où il étoit irrité contre moi! Que deviendrai-je, malheureuse? et quelle consolation trouver après une si grande perte?

SCÈNE XXI.

ARGAN, ANGÉLIQUE, CLÉANTE, TOINETTE.

CLÉANTE.

Qu'avez-vous donc, belle Angélique? et quel malheur pleurez-vous?

ANGÉLIQUE.

Hélas! je pleure tout ce que dans la vie je pouvois perdre de plus cher et de plus précieux : je pleure la mort de mon père.

CLÉANTE.

O ciel! quel accident! quel coup inopiné! Hélas! après la demande que j'avois conjuré votre oncle de lui faire pour moi, je venois me présenter à lui, et tâcher, par mes respects et par mes prières, de disposer son cœur à vous accorder à mes vœux.

ANGÉLIQUE.

Ah! Cléante, ne parlons plus de rien. Laissons là toutes les pensées du mariage. Après la perte de mon père, je ne veux plus être du monde, et j'y renonce pour jamais. Oui, mon père, si j'ai résisté tantôt à vos volontés, je veux suivre du moins une de vos intentions, et réparer par là le chagrin que je m'accuse de vous avoir donné. (Se jetant à ses genoux.) Souffrez, mon père, que je vous en donne ici ma parole, et que je vous embrasse pour vous témoigner mon ressentiment. [1]

ARGAN, embrassant Angélique.

Ah! ma fille!

ANGÉLIQUE.

Ahi!

ARGAN.

Viens, n'aie point de peur; je ne suis pas mort. Va, tu es mon vrai sang, ma véritable fille, et je suis ravi d'avoir vu ton bon naturel.

---

[1] *Ressentiment* est là pour *tendresse*. Aujourd'hui il s'emploie dans un sens absolument opposé.

SCÈNE XXII.

ARGAN, BÉRALDE, ANGÉLIQUE, CLÉANTE, TOINETTE.

ANGÉLIQUE.

Ah! quelle surprise agréable! Mon père, puisque, par un bonheur extrême, le ciel vous redonne à mes vœux, souffrez qu'ici je me jette à vos pieds pour vous supplier d'une chose. Si vous n'êtes pas favorable au penchant de mon cœur, si vous me refusez Cléante pour époux, je vous conjure au moins de ne me point forcer d'en épouser un autre. C'est toute la grace que je vous demande.

CLÉANTE, *se jetant aux genoux d'Argan.*

Hé! monsieur, laissez-vous toucher à ses prières et aux miennes, et ne vous montrez point contraire aux mutuels empressements d'une si belle inclination.

BÉRALDE.

Mon frère, pouvez-vous tenir là contre?

TOINETTE.

Monsieur, serez-vous insensible à tant d'amour?

ARGAN.

Qu'il se fasse médecin, je consens au mariage. Oui, (*à Cléante*) faites-vous médecin, je vous donne ma fille.

CLÉANTE.

Très-volontiers, monsieur. S'il ne tient qu'à cela pour être votre gendre, je me ferai médecin, apothicaire même, si vous voulez. Ce n'est pas une affaire que cela, et je me ferois bien d'autres choses pour obtenir la belle Angélique.

BÉRALDE.

Mais, mon frère, il me vient une pensée: faites-vous médecin vous-même. La commodité sera encore plus grande d'avoir en vous tout ce qu'il vous faut.

TOINETTE.

Cela est vrai. Voilà le vrai moyen de vous guérir bientôt; et il n'y a point de maladie si osée que de se jouer à la personne d'un médecin.

ARGAN.

Je pense, mon frère, que vous vous moquez de moi. Est-ce que je suis en âge d'étudier?

BÉRALDE.

Bon, étudier! Vous êtes assez savant; et il y en a beaucoup parmi eux qui ne sont pas plus habiles que vous.

ARGAN.

Mais il faut savoir bien parler latin, connoître les maladies et les remèdes qu'il y faut faire.

BÉRALDE.

En recevant la robe et le bonnet de médecin, vous apprendrez tout cela; et vous serez après plus habile que vous ne voudrez.

ARGAN.

Quoi! l'on sait discourir sur les maladies quand on a cet habit-là?

BÉRALDE.

Oui. L'on n'a qu'à parler avec une robe et un bonnet, tout galimatias devient savant, et toute sottise devient raison.

TOINETTE.

Tenez, monsieur, quand il n'y auroit que votre barbe,

c'est déja beaucoup : et la barbe fait plus de la moitié d'un médecin.

CLÉANTE.

En tout cas, je suis prêt à tout.

BÉRALDE, à Argan.

Voulez-vous que l'affaire se fasse tout à l'heure?

ARGAN.

Comment! tout à l'heure?

BÉRALDE.

Oui, et dans votre maison.

ARGAN.

Dans ma maison?

BÉRALDE.

Oui, je connois une faculté de mes amies qui viendra tout à l'heure en faire la cérémonie dans votre salle. Cela ne vous coûtera rien.

ARGAN.

Mais, moi, que dire? que répondre?

BÉRALDE.

On vous instruira en deux mots, et l'on vous donnera par écrit ce que vous devez dire. Allez-vous-en vous mettre en habit décent. Je vais les envoyer querir.

ARGAN.

Allons, voyons cela.

SCENE XXIII.

BÉRALDE, ANGÉLIQUE, CLÉANTE, TOINETTE.

CLÉANTE.

Que voulez-vous dire? et qu'entendez-vous avec cette faculté de vos amies?

TOINETTE.

Quel est donc votre dessein?

BÉRALDE.

De nous divertir un peu ce soir. Les comédiens ont fait un petit intermède de la réception d'un médecin, avec des danses et de la musique; je veux que nous en prenions ensemble le divertissement, et que mon frère y fasse le premier personnage.

ANGÉLIQUE.

Mais, mon oncle, il me semble que vous vous jouez un peu beaucoup de mon père.

BÉRALDE.

Mais, ma nièce, ce n'est pas tant le jouer que s'accommoder à ses fantaisies. Tout ceci n'est qu'entre nous. Nous y pouvons aussi prendre chacun un personnage, et nous donner ainsi la comédie les uns aux autres. Le carnaval autorise cela. Allons vite préparer toutes choses.

CLÉANTE, à Angélique.

Y consentez-vous?

ANGÉLIQUE.

Oui, puisque mon oncle nous conduit.

FIN DU TROISIÈME ACTE.

TROISIÈME INTERMÈDE.

PREMIÈRE ENTRÉE

(Des tapissiers viennent, en dansant, préparer la salle et placer les bancs en cadence.)

DEUXIÈME ENTRÉE DE BALLET.

(Marche de la faculté de médecine au son des instruments.)

(Les porte-seringues, représentant les massiers, entrent les premiers. Après eux viennent, deux à deux, les apothicaires avec des mortiers, les chirurgiens et les docteurs qui vont se placer aux deux côtés du théâtre. Le président monte dans une chaire qui est au milieu; et Argan, qui doit être reçu docteur, se place dans une chaire plus petite, qui est au-devant de celle du président.)

LE PRÉSIDENT.

Savantissimi doctores
Medicinæ professores,
Qui hìc assemblati estis,
Et vos altri messiores,
Sententiarum facultatis
Fideles executores,
Chirurgiani et apothicari,
Atque tota compania aussi,
 Salus, honor, et argentum,

Atque bonum appetitum.

Non possum, docti confreri,
En moi satis admirari
Qualis bona inventio
Est medici professio,
Quàm bella chosa est et bene trovata
Medecina illa benedicta,
Quæ, suo nomine solo,
Surprenanti miraculo,
Depuis si longo tempore,
Facit à gogo vivere,
Tant de gens omni genere.

Per totam terram videmus
Grandam vogam ubi sumus,
Et quòd graudes et petiti
Sunt de nobis infatuti.
Totus mundus, currens ad nostros remedios,
Nos regardat sicut deos,
Et nostris ordonnanciis
Principes et reges soumissos videtis.

Doncque il est nostræ sapientiæ
Boni sensûs atque prudentiæ,
De fortement travaillare
A nos benè conservare
In tali credito, voga, et honore,
Et prendere gardam à non recevero
In nostro docto corpore
Quàm personas capabiles,
Et totas dignas remplire
Has plaças honorabiles,

INTERMÈDE III.

C'est pour cela que nunc convocati estis,
  Et credo quòd trovabitis
  Dignam matieram medici
In savanti homine que voici;
  Lequel in chosis omnibus
  Dono ad interrogandum,
  Et à fond examinandum
  Vestris capacitatibus.

PREMIER DOCTEUR.

Si mihi licentiam dat dominus præses,
  Et tanti docti doctores,
  Et assistantes illustres,
  Très savanti bacheliero
  Quem estimo et honoro,
  Domandabo causam et rationem quare
  Opium facit dormire.

ARGAN.

Mihi a docto doctore
Domandatur causam et rationem quare
  Opium facit dormire.
  A quoi respondeo,
  Quia est in eo
  Virtus dormitiva,
  Cujus est natura
  Sensus assoupire.

CHOEUR.

Bene, bene, bene, bene respondere!
  Dignus, dignus est intrare
  In nostro docto corpore:
  Bene, bene respondere!

SECOND DOCTEUR.

Cum permissione domini præsidis,

Doctissimæ facultatis,
Et totius his nostris actis
Companiæ assistantis,
Domandabo tibi, docte bacheliere,
   Quæ sunt remedia
   Quæ in maladia
   Dite hydropisia
   Convenit facere.

ARGAN.

  Clysterium donare,
  Postea seignare,
  Ensuita purgare.

CHOEUR.

Bene, bene, bene, bene respondere!
  Dignus, dignus est intrare
In nostro docto corpore.

TROISIÈME DOCTEUR.

Si bonum semblatur domino præsidi,
  Doctissimæ facultati,
  Et companiæ præsenti,
Domandabo tibi, docte bacheliere,
  Quæ remedia eticis,
Pulmonicis atque asmaticis,
  Trovas à propos facere.

ARGAN.

  Clysterium donare,
  Postea seignare,
  Ensuita purgare.

CHOEUR.

Bene, bene, bene, bene respondere!
  Dignus, dignus est intrare
In nostro docto corpore.

INTERMÈDE III.

QUATRIÈME DOCTEUR.

Super illas maladias
Doctus bachelierus dixit maravillas;
Mais si non ennuyo dominum præsidem,
Doctissimam facultatem,
Et totam honorabilem
Companiam ecoutantem,
Faciam illi unam quæstionem.
Dès hiero maladus unus
Tombavit in meas manus,
Habet grandam fievram cum redoublamentis,
Grandam dolorem capitis
Et grandum malum au côté,
Cum granda difficultate
Et pena à respirare.
Veillas mihi dire,
Docte bacheliere,
Quid illi facere ?

ARGAN.

Clysterium donare,
Postea seignare,
Ensuita purgare.

CINQUIÈME DOCTEUR.

Mais si maladia
Opiniatria
Non vult se garire,
Quid illi facere ?

ARGAN.

Clyterium donare,
Postea seignare,
Ensuita purgare;
Reseignare, repurgare, et reclysterisare.

CHOEUR.

Bene, bene, bene, bene respondere!
Dignus, dignus est intrare
In nostro docto corpore.

LE PRÉSIDENT, à Argan.

Juras gardare statuta
Per facultatem præscripta
Cum sensu et jugeamento?

ARGAN.

Juro.

LE PRÉSIDENT.

Essere in omnibus
Consultationibus
Ancieni aviso,
Aut bono
Aut mauvaiso?

ARGAN.

Juro.

LE PRÉSIDENT.

De non jamais te servire
De remediis aucunis,
Quàm de ceux seulement doctæ facultatis,
Maladus dût-il crevare
Et mori de suo malo?

ARGAN.

Juro.

LE PRÉSIDENT.

Ego, cum isto boneto
Venerabili et docto,
Dono tibi et concedo
Virtutem et puissanciam
Medicandi,

INTERMÈDE III.

  Purgandi,
  Seignandi,
  Perçandi,
  Taillandi,
  Coupandi,
 Et occidendi,
Impune per totam terram.

TROISIÈME ENTRÉE DE BALLET.

(Les chirurgiens et les apothicaires viennent faire la révérence en cadence à Argan.)

ARGAN.

Grandes doctores doctrinæ
De la rhubarbe et du séné,
Ce seroit sans doute à moi chosa folla,
 Inepta et ridicula,
 Si j'alloibam m'engageare
 Vobis louangeas donare,
Et entreprenoibam adjoutare
 Des lumieras au soleilo,
 Et des étoilas au cielo,
 Des ondas à l'oceano,
 Et des rosas au printano.
Agreate qu'avec uno moto
 Pro toto remercimento
Randam graciam corpori tam docto.
 Vobis, vobis debeo
Bien plus qu'à naturæ et qu'à patri meo :
 Natura et pater meus
 Hominem me habent factum ;

Mais vos me, ce qui est bien plus,
Avetis factum medicum:
Honor, favor, et gracia,
Qui in hoc corde que voilà
Imprimant ressentimenta
Qui dureront in secula.

CHOEUR.

Vivat, vivat, vivat, vivat, cent fois vivat,
Novus doctor qui tam bene parlat!
Mille, mille annis, et manget, et bibat,
Et seignet, et tuat!

QUATRIÈME ENTRÉE DE BALLET.

(Tous les chirurgiens et les apothicaires dansent au son des instruments et des voix, et des battements de mains et des mortiers d'apothicaires.)

PREMIER CHIRURGIEN.

Puisse-t-il voir doctas
Suas ordonnancias
Omnium chirurgorum
Et apothicarum
Remplire boutiquas!

CHOEUR.

Vivat, vivat, vivat, vivat, cent fois vivat,
Novus doctor qui tam bene parlat!
Mille, mille annis, et manget, et bibat,
Et seignet, et tuat!

SECOND CHIRURGIEN.

Puissent toti anni
Lui essere boni

Et favorabiles,
Et n'habere jamais
Quàm pestas, verolas,
Fievras, pleuresias,
Fluxus de sang, et dyssenterias!

CHOEUR.

Vivat, vivat, vivat, vivat, cent fois vivat,
Novus doctor qui tam bene parlat!
Mille, mille annis, et manget, et bibat,
Et seignet, et tuat!

CINQUIÈME ENTRÉE DE BALLET.

(Pendant que le dernier chœur se chante, les médecins, les chirurgiens, et les apothicaires, sortent tous selon leur rang en cérémonie, comme ils sont entrés)

FIN DU MALADE IMAGINAIRE.

FÊTE

DE VERSAILLES,

EN 1668;

ET

INTERMÈDES

DE GEORGE DANDIN.

FÊTE
DE VERSAILLES.

Le roi, ayant accordé la paix aux instances de ses alliés et aux vœux de toute l'Europe, et donné des marques d'une modération et d'une bonté sans exemple, même dans le plus fort de ses conquêtes, ne pensoit plus qu'à s'appliquer aux affaires de son royaume, lorsque, pour réparer en quelque sorte ce que la cour avoit perdu dans le carnaval pendant son absence, il résolut de faire une fête dans les jardins de Versailles, où, parmi les plaisirs que l'on trouve dans un séjour si délicieux, l'esprit fût encore touché de ces beautés surprenantes et extraordinaires dont ce grand prince sait si bien assaisonner tous ses divertissements.

Pour cet effet, voulant donner la comédie en suite d'une collation ; et, après la comédie, le souper, qui fût suivi d'un bal et d'un feu d'artifice, il jeta les yeux sur les personnes qu'il jugea les plus capables pour disposer toutes les choses propres à cela. Il leur marqua lui-même les endroits où la disposition du lieu pouvoit, par sa beauté naturelle, contribuer davantage à leur décoration ; et parce que l'un des plus beaux ornements de cette maison est la quantité des eaux que l'art y a conduites malgré la nature qui les lui avoit refusées, sa majesté leur ordonna de s'en servir, le plus qu'ils pourroient, à l'embellissement de ces lieux, et même leur ouvrit les moyens de les employer et d'en tirer les effets qu'elles peuvent faire.

Pour l'exécution de cette fête, le duc de Créquy, comme premier gentilhomme de la chambre, fut chargé de ce qui regardoit la comédie; le maréchal de Bellefonds, comme premier maître-d'hôtel du roi, prit soin de la collation, du souper, et de tout ce qui regardoit le service des tables; et M. Colbert, comme surintendant des bâtiments, fit construire et embellir les divers lieux destinés à ce divertissement royal, et donna les ordres pour l'exécution des feux d'artifices.

Le sieur Vigarani eut ordre de dresser le théâtre pour la comédie; le sieur Gissey, d'accommoder un endroit pour le souper, et le sieur Le Vau, premier architecte du roi, un autre pour le bal.

Le mercredi, dix-huitième jour de juillet, le roi, étant parti de Saint-Germain, vint dîner à Versailles avec la reine, monseigneur le Dauphin, Monsieur et Madame. Le reste de la cour, étant arrivé incontinent après midi, trouva des officiers du roi qui faisoient les honneurs, et recevoient tout le monde dans les salles du château, où il y avoit, en plusieurs endroits, des tables dressées, et de quoi se rafraîchir; les principales dames furent conduites dans des chambres particulières pour se reposer.

Sur les six heures du soir, le roi, ayant commandé au

marquis de Gesvres, capitaine de ses gardes, de faire ouvrir toutes les portes, afin qu'il n'y eût personne qui ne prît part au divertissement, sortit du château avec la reine et tout le reste de la cour, pour prendre le plaisir de la promenade.

Quand leurs majestés eurent fait le tour du grand parterre, elles descendirent dans celui de gazon qui est du côté de la grotte, où, après avoir considéré les fontaines qui les embellissent, elles s'arrêtèrent particulièrement à regarder celle qui est au bas du petit parc, du côté de la pompe. Dans le milieu de son bassin, l'on voit un dragon de bronze qui, percé d'une flèche, semble vomir le sang par la gueule, en poussant en l'air un bouillon d'eau qui retombe en pluie, et couvre tout le bassin.

Autour de ce dragon il y a quatre petits amours sur des cygnes, qui font chacun un grand jet d'eau, et qui nagent vers le bord comme pour se sauver. Deux de ces amours, qui sont en face du dragon, se cachent le visage avec la main pour ne le pas voir, et sur leur visage l'on aperçoit toutes les marques de la crainte parfaitement exprimées; les deux autres, plus hardis, parce que le monstre n'est pas tourné de leur côté, l'attaquent de leurs armes. Entre ces amours, sont des dauphins de bronze, dont la gueule ouverte pousse en l'air de gros bouillons d'eau.

Leurs majestés allèrent ensuite chercher le frais dans ces bosquets si délicieux, où l'épaisseur des arbres empêche que le soleil ne se fasse sentir. Lorsqu'elles furent dans celui dont un grand nombre d'agréables allées forment une espèce de labyrinthe, elles arrivèrent, après plusieurs détours, dans un cabinet de verdure pentagone où aboutissent cinq allées. Au milieu de ce cabinet il y a une fontaine, dont le bassin est bordé de gazon. De ce bassin sortoient cinq tables en manière de buffets, chargées de toutes les choses qui peuvent composer une collation magnifique.

L'une de ces tables représentoit une montagne, où, dans plusieurs espèces de cavernes, on voyoit diverses sortes de viandes froides; l'autre étoit comme la face d'un palais, bâti de massepains et pâtes sucrées. Il y en avoit une chargée de pyramides de confitures sèches; une autre d'une infinité de vases remplis de toutes sortes de liqueurs; et la dernière étoit composée de caramels. Toutes ces tables, dont les plans étoient ingénieusement formés en divers compartiments, étoient couvertes d'une infinité de choses délicates, et disposées d'une manière toute nouvelle; leurs pieds et leurs dossiers étoient environnés de feuillages mêlés de festons de fleurs, dont une partie étoit soutenue par des bacchantes. Il y avoit entre ces tables une petite pelouse de mousse verte qui s'avançoit dans le bassin, et sur laquelle on voyoit, dans de grands vases, des orangers dont les fruits étoient confits; chacun de ces orangers avoit à côté de lui deux autres arbres de différentes espèces, dont les fruits étoient pareillement confits.

Du milieu de ces tables s'élevoit un jet d'eau de plus de trente pieds de haut, dont la chute faisoit un bruit très-agréable; de sorte qu'en voyant tous ces buffets d'une même hauteur, joints les uns aux autres par les branches d'arbres et les fleurs dont ils étoient revêtus, il sembloit que ce fût une petite montagne, du haut de laquelle sortît une fontaine.

La palissade qui fait l'enceinte de ce cabinet étoit disposée d'une manière toute particulière ; le jardinier, ayant employé son industrie à bien ployer les branches des arbres, et à les lier ensemble en diverses façons, en avoit formé une espèce d'architecture. Dans le milieu du couronnement on voyoit un socle de verdure, sur lequel il y avoit un dé qui portoit un vase rempli de fleurs. Aux côtés du dé, et sur le même socle, étoient deux autres vases de fleurs; et en cet endroit, le haut de la palissade venant doucement à s'arrondir en forme de globe, se terminoit aux deux extrémités par deux autres vases aussi remplis de fleurs.

Au lieu de siéges de gazon, il y avoit, tout autour du cabinet, des couches de melons, dont la quantité, la grosseur et la bonté étoient surprenantes pour la saison. Ces couches étoient faites d'une manière tout extraordinaire; et à bien considérer la beauté de ce lieu, l'on auroit pu dire autrefois que les hommes n'auroient point eu de part à un si bel arrangement, mais que quelques divinités de ces bois auroient employé leurs soins pour l'embellir de la sorte.

Comme il y a cinq allées qui se terminent toutes dans ce cabinet, et qui forment une étoile, l'on trouvoit ces allées ornées de chaque côté de vingt-six arcades de cyprès. Sous chaque arcade, et sur des siéges de gazon il y avoit de grands vases remplis de divers arbres chargés de leurs fruits. Dans la première de ces allées il n'y avoit que des orangers de Portugal. La seconde étoit toute de bigarreautiers et de cerisiers mêlés ensemble. La troisième étoit bordée d'abricotiers et de pêchers; la quatrième, de grosseilliers de Hollande; et dans la cinquième l'on ne voyoit que des poiriers de différentes espèces. Tous ces arbres faisoient un agréable objet à la vue, à cause de leurs fruits, qui paroissoient encore davantage contre l'épaisseur du bois.

Au bout de ces cinq allées, il y a cinq grandes niches de verdure, que l'on voit toutes en face du milieu du cabinet. Ces niches étoient cintrées; et sur les pilastres des côtés s'élevoient deux rouleaux qui s'alloient joindre à un carré qui étoit au milieu. Dans ce carré l'on voyoit les chiffres du roi, composés de différentes fleurs; et des deux côtés pendoient des festons qui s'attachoient à l'extrémité des rouleaux. A côté de la niche il y avoit deux arcades, aussi de verdure, avec leurs pilastres d'un côté et d'autre; et tous ces pilastres étoient terminés par des vases remplis de fleurs.

Dans l'une de ces niches étoit la figure du dieu Pan, qui, ayant sur le visage toutes les marques de la joie, sembloit prendre part à celle de toute l'assemblée. Le sculpteur l'avoit disposé dans une action qui faisoit connoître qu'il étoit mis là comme la divinité qui présidoit dans ce lieu.

Dans les quatre autres niches il y avoit quatre satyres, deux hommes et deux femmes, qui tous sembloient danser, et témoigner le plaisir qu'ils ressentoient de se voir visités par un si grand monarque, suivi d'un si belle cour. Toutes ces figures étoient dorées, et faisoient un effet admirable contre le vert de ces palissades.

Après que leurs majestés eurent été quelque temps dans cet endroit si charmant, et que les dames eurent fait collation, le roi abandonna les tables au pillage des gens qui suivoient; et la destruction d'un arrangement si beau servit encore d'un divertissement agréable à toute la cour, par l'empressement et la confusion de ceux qui démolissoient ces châteaux de massepains, et ces montagnes de confitures.

Au sortir de ce lieu, le roi rentrant dans une calèche, la reine dans sa chaise, et tout le reste de la cour dans leurs carrosses, poursuivirent leur promenade pour se rendre à la comédie, et, passant dans une grande allée de quatre rangs de tilleuls, firent le tour du bassin de la fontaine des cygnes, qui termine l'allée royale vis-à-vis du château. Ce bassin est un carré long, finissant par deux demi-ronds. Sa longueur est de soixante toises, sur quarante de large. Dans son milieu il y a une infinité de jets d'eau, qui, réunis ensemble, font une gerbe d'une hauteur et d'une grosseur extraordinaires.

A côté de la grande allée royale, il y en a deux autres qui en sont éloignées d'environ deux cents pas; celle qui est à droite en montant vers le château, s'appelle l'allée du roi, et celle qui est à gauche, l'allée des prés. Ces trois allées sont traversées par une autre qui se termine à deux grilles qui font la clôture du petit parc. Les deux allées des côtés et celle qui les traverse ont cinq toises de large; mais à l'endroit où elles se rencontrent, elles forment un grand espace qui a plus de treize toises en carré. C'est dans cet endroit de l'allée du roi que le sieur Vigarani avoit disposé le lieu de la comédie. Le théâtre, qui avançoit un peu dans le carré de la place, s'enfonçoit de dix toises dans l'allée qui monte vers le château, et laissoit pour la salle un espace de treize toises de face sur neuf de large.

L'exhaussement de ce sallon étoit de trente pieds jusqu'à la corniche, d'où les côtés du plafond s'élevoient encore de huit pieds jusqu'au dernier enfoncement. Il étoit couvert de feuillée par-dehors; et par-dedans, paré de riches tapisseries que le sieur du Metz, intendant des meubles de la couronne, avoit pris soin de faire disposer de la manière la plus belle et la plus convenable pour la décoration de ce lieu. Du haut du plafond pendoient trente-deux chandeliers de cristal, portant chacun dix bougies de cire blanche. Autour de la salle étoient plusieurs siéges disposés en amphithéâtre, remplis de plus de douze cents personnes; et dans le parterre il y avoit encore sur des bancs une plus grande quantité de monde. Cette salle étoit percée par deux grandes arcades, dont l'une étoit vis-à-vis du théâtre, et l'autre, du côté qui va vers la grande allée. L'ouverture du théâtre étoit de trente-six pieds, et de chaque côté il y avoit deux grandes colonnes torses de bronze et de lapis, environnées de branches et de feuilles de vigne d'or; elles étoient posées sur des piédestaux de marbre, et portoient une grande corniche, aussi de marbre, dans le milieu de laquelle on voyoit les armes du roi sur un cartouche doré, accompagnées de trophées; l'architecture étoit d'ordre ionique. Entre chaque colonne il y avoit une figure; celle qui étoit à droite représentoit la Paix, et celle qui étoit à gauche figuroit la Victoire, pour montrer que sa majesté est toujours en état de faire que ses peuples jouissent d'une paix heureuse et pleine d'abondance, en rétablissant le repos dans l'Europe, ou d'une victoire glorieuse et remplie de joie, quand elle est obligée de prendre les armes pour soutenir ses droits.

Lorsque leurs majestés furent arrivées dans ce lieu, dont la grandeur et la magnificence surprirent toute la cour, et quand elles eurent pris leurs places sous le haut dais qui étoit au milieu du parterre, on leva la toile qui cachoit la décoration du théâtre; et alors les yeux se trouvant tout à fait détrompés, l'on crut voir effectivement un jardin d'une beauté extraordinaire.

A l'entrée de ce jardin, l'on découvroit deux palissades si ingénieusement moulées, qu'elles formoient un ordre d'architecture dont la corniche étoit soutenue par quatre termes, qui représentoient des satyres. La partie d'en-bas de ces termes, et ce qu'on appelle gaine, étoit de jaspe, et le reste de bronze doré. Ces satyres portoient sur leurs têtes des corbeilles pleines de fleurs; et sur les piédestaux de marbre qui soutenoient ces mêmes termes il y avoit de grands vases dorés, aussi remplis de fleurs.

Un peu plus loin paroissoient deux terrasses revêtues de marbre blanc, qui environnoient un long canal. Au bord de ces terrasses il y avoit des masques dorés qui vomissoient de l'eau dans le canal; et au-dessus de ces masques on voyoit des vases de bronze doré, d'où sortoient aussi de véritables jets d'eau.

On montoit sur ces terrasses par trois degrés; et sur la même ligne où étoient rangés les termes, il y avoit d'un côté et d'autre une allée de grands arbres, entre lesquels paroissoient des cabinets d'une architecture rustique. Chaque cabinet couvroit un grand bassin de marbre, soutenu sur un piédestal de même matière, et de ces bassins sortoient autant de jets d'eau.

Le bout du canal le plus proche étoit bordé de douze jets d'eau, qui formoient autant de chandeliers; et à l'autre extrémité, on voyoit un superbe édifice en forme de dôme. Il étoit percé de trois grands portiques, au travers desquels on découvroit une grande étendue de pays.

D'abord on vit sur le théâtre une collation magnifique d'oranges de Portugal, et de toutes sortes de fruits chargés à fond et en pyramides dans trente-six corbeilles, qui furent servies à toute la cour par le maréchal de Bellefonds et par plusieurs seigneurs, pendant que le sieur de Launay, intendant des menus-plaisirs et affaires de la chambre, donnoit de tous côtés des imprimés qui contenoient le sujet de la comédie et du ballet.

Bien que la pièce qu'on représenta doive être considérée comme un impromptu, et un de ces ouvrages où la nécessité de satisfaire sur-le-champ aux volontés du roi ne donne pas toujours le loisir d'y apporter la dernière main et d'en former les derniers traits, néanmoins l est certain qu'elle est composée de parties si diversifiées et si agréables, qu'on peut dire qu'il n'en a guère paru sur le théâtre de plus capable de satisfaire tout ensemble l'oreille et les yeux des spectateurs. La prose dont on s'est servi est un langage très-propre pour l'action qu'on représente; et les vers qui se chantent entre les actes de la comédie conviennent si bien au sujet, et expriment si tendrement les passions dont ceux qui les récitent doivent être émus, qu'il n'y a jamais rien eu de plus touchant. Quoiqu'il semble que ce soient deux comédies que l'on joue en même temps, dont l'une soit en prose et l'autre en vers, elles sont pourtant si bien unies à un même sujet, qu'elles ne font qu'une même pièce, et ne représentent qu'une seule action.

PERSONNAGES DES INTERMÈDES

DE LA COMÉDIE DE GEORGE DANDIN

GEORGE DANDIN.
BERGERS dansants, déguisés en valets de fête.
BERGERS jouant de la flûte.
CLIMÈNE, bergère chantante.
CHLORIS, bergère chantante.
TIRCIS, berger chantant, amant de Climène.
PHILÈNE, berger chantant, amant de Chloris.
UNE BERGÈRE.
BATELIERS dansants.
UN PAYSAN, ami de George Dandin.
CHOEURS DE BERGERS chantants.
BERGERS ET BERGÈRES dansants.
UN SATYRE chantant.
UN SUIVANT DE BACCHUS, chantant.
CHOEUR DE SUIVANTS DE BACCHUS, chantants.
CHOEUR DE SUIVANTS DE L'AMOUR, chantants.
UN BERGER chantant.
SUIVANTS DE BACCHUS ET BACCHANTES, dansants.
SUIVANTS DE L'AMOUR, dansants.

INTERMÈDES.

PREMIER INTERMÈDE.

SCÈNE I.

GEORGE DANDIN, BERGERS déguisés en valets de fête
BERGERS jouant de la flûte.

PREMIÈRE ENTRÉE.

Quatre bergers déguisés en valets de fêtes, accompagnés de quatre bergers jouant de la flûte, entrent en dansant, et obligeant George Dandin de danser avec eux.

George Dandin, mal satisfait de son mariage et n'ayant l'esprit rempli que de fâcheuses pensées, quitte bientôt les bergers, avec lesquels il n'a demeuré que par contrainte.

SCÈNE II.

CLIMÈNE, CHLORIS.

CLIMÈNE.

L'autre jour, d'Anette
J'entendis la voix,
Qui sur sa musette
Chantoit dans nos bois :
Amour, que sous ton empire

On souffre des maux cuisants!
Je le puis bien dire,
Puisque je le sens.

CHLORIS.

La jeune Lisette,
Au même moment,
Sur le ton d'Anette
Reprit tendrement :
Amour, si sous ton empire
Je souffre des maux cuisants,
C'est de n'oser dire
Tout ce que je sens.

SCÈNE III.

TIRCIS, PHILÈNE, CLIMÈNE, CHLORIS.

CHLORIS.

Laisse-nous en repos, Philène.

CLIMÈNE.

Tircis, ne viens point m'arrêter.

TIRCIS ET PHILÈNE ENSEMBLE.

Ah! belle inhumaine,
Daigne un moment m'écouter.

CLIMÈNE ET CHLORIS ENSEMBLE.

Mais que me veux-tu conter?

TIRCIS ET PHILÈNE ENSEMBLE.

Que d'une flamme immortelle
Mon cœur brûle sous tes lois.

CLIMÈNE ET CHLORIS ENSEMBLE.

Ce n'est pas une nouvelle,
Tu me l'as dit mille fois.

FÊTE DE VERSAILLES.

PHILÈNE, à Chloris.

Quoi! veux-tu, toute ma vie,
Que j'aime et n'obtienne rien?

CHLORIS.

Non, ce n'est pas mon envie;
N'aime plus, je le veux bien.

TIRCIS, à Climène.

Le ciel me force à l'hommage
Dont tous ces bois sont témoins.

CLIMÈNE.

C'est au ciel, puisqu'il t'engage,
A te payer de tes soins.

PHILÈNE, à Chloris.

C'est par ton mérite extrême
Que tu captives mes vœux.

CHLORIS.

Si je mérite qu'on m'aime,
Je ne dois rien à tes feux.

TIRCIS ET PHILÈNE ENSEMBLE.

L'éclat de tes yeux me tue.

CLIMÈNE ET CHLORIS ENSEMBLE.

Détourne de moi tes pas.

TIRCIS ET PHILÈNE ENSEMBLE.

Je me plais dans cette vue.

CLIMÈNE ET CHLORIS ENSEMBLE.

Berger, ne t'en plains donc pas.

PHILÈNE.

Ah! belle Climène!

TIRCIS.

Ah! belle Chloris!

PHILÈNE, à Climène.

Rends-la pour moi plus humaine.

TIRCIS, à Chloris.

Dompte pour moi ses mépris.

CLIMÈNE, à Chloris.

Sois sensible à l'amour que te porte Philène.

CHLORIS, à Climène.

Sois sensible à l'ardeur dont Tircis est épris.

CLIMÈNE, à Chloris.

Si tu veux me donner ton exemple, bergère,
Peut-être je le recevrai.

CHLORIS, à Climène.

Si tu veux te résoudre à marcher la première,
Possible que je te suivrai.

CLIMÈNE ET CHLORIS ENSEMBLE.

Adieu, berger.

CLIMÈNE, à Philène.

Attends un favorable sort.

CHLORIS, à Tircis.

Attends un doux succès du mal qui te possède.

TIRCIS.

Je n'attends aucun remède.

PHILÈNE.

Et je n'attends que la mort.

TIRCIS ET PHILÈNE ENSEMBLE.

Puisqu'il nous faut languir en de tels déplaisirs,
Mettons fin, en mourant, à nos tristes soupirs.

FIN DU PREMIER INTERMÈDE.

ACTE PREMIER.
SECOND INTERMÈDE.

SCÈNE I.

GEORGE DANDIN, UNE BERGÈRE.

La bergère vient apprendre à George Dandin le désespoir de Tircis et de Philène, qui se sont précipités dans les eaux. George Dandin, agité d'autres inquiétudes, la quitte en colère.

SCÈNE II.

CHLORIS.

Ah! mortelles douleurs!
Qu'ai-je plus à prétendre?
Coulez, coulez, mes pleurs:
Je n'en puis trop répandre.
Pourquoi faut-il qu'un tyrannique honneur
Tienne notre ame en esclave asservie?
Hélas! pour contenter sa barbare rigueur,
J'ai réduit mon amant à sortir de la vie!
Ah! mortelles douleurs!
Qu'ai-je plus à prétendre?
Coulez, coulez, mes pleurs:
Je n'en puis trop répandre.

Me puis-je pardonner dans ce funeste sort
Les sévères froideurs dont je m'étois armée?
Quoi donc! mon cher amant, je t'ai donné la mort!
Est-ce le prix, hélas! de m'avoir tant aimée?
    Ah! mortelles douleurs!
    Qu'ai-je plus à prétendre?
    Coulez, coulez, mes pleurs:
    Je n'en puis trop répandre.

FIN DU SECOND INTERMÈDE.

ACTE SECOND.
TROISIÈME INTERMÈDE.

SCÈNE I.

GEORGE DANDIN, UNE BERGÈRE, BATELIERS.

La bergère qui avoit annoncé à George Dandin le malheur de Tircis et de Philène, lui vient dire que ces bergers ne sont point morts, et lui montre les bateliers qui les ont sauvés. George Dandin n'écoute pas plus tranquillement ce second récit de la bergère qu'il n'avoit fait le premier, et se retire.

SCÈNE II.

ENTRÉE DE BALLET.

Les bateliers qui ont sauvé Tircis et Philène, ravis de la récompense qu'ils ont reçue, expriment leur joie en dansant, et font une manière de jeu avec leurs crocs.

FIN DU TROISIÈME INTERMÈDE.

ACTE TROISIÈME.

QUATRIÈME INTERMÈDE.

SCÈNE I.

GEORGE DANDIN, UN PAYSAN.

Ce paysan, ami de George Dandin, lui conseille de noyer dans le vin toutes ses inquiétudes, et l'emmène pour joindre sa troupe, voyant venir toute la foule des bergers amoureux, qui commencent à célébrer par des chants et des danses le pouvoir de l'Amour.

SCÈNE II.

Le théâtre change, et représente de grandes roches entremêlées d'arbres où l'on voit plusieurs bergers qui jouent des instruments.

CHLORIS, CLIMÈNE, TIRCIS, PHILÈNE, CHOEUR DE BERGERS chantants, BERGERS et BERGÈRES dansants.

CHLORIS.
Ici l'ombre des ormeaux
Donne un teint frais aux herbettes,
Et les bords de ces ruisseaux
Brillent de mille fleurettes

Qui se mirent dans les eaux.
Prenez, bergers, vos musettes,
Ajustez vos chalumeaux,
Et mêlons nos chansonnettes
Aux chants des petits oiseaux.
Le zéphyr entre ces eaux
Fait mille courses secrètes ;
Et les rossignols nouveaux
De leurs douces amourettes
Parlent aux tendres rameaux.
Prenez, bergers, vos musettes,
Ajustez vos chalumeaux,
Et mêlons nos chansonnettes
Aux chants des petits oiseaux.

PREMIÈRE ENTRÉE DE BALLET.

Bergers et bergères dansants.

CLIMÈNE.
Ah! qu'il est doux, belle Sylvie,
Ah! qu'il est doux de s'enflammer !
Il faut retrancher de la vie
Ce qu'on en passe sans aimer.

CHLORIS.
Ah! les beaux jours qu'Amour nous donne,
Lorsque sa flamme unit les cœurs !
Est-il ni gloire ni couronne
Qui vaille ses moindres douceurs ?

TIRCIS.
Qu'avec peu de raison on se plaint d'un matyre
Que suivent de si doux plaisirs !

PHILÈNE.

Un moment de bonheur dans l'amoureux empire
Répare dix ans de soupirs.

TOUS ENSEMBLE.

Chantons tous de l'Amour le pouvoir adorable ;
Chantons tous dans ces lieux
Ses attraits glorieux :
Il est le plus aimable
Et le plus grand des dieux.

SCÈNE III.

Un grand rocher couvert d'arbres, sur lequel est assise toute la troupe de Bacchus, s'avance sur le bord du théâtre.

UN SATYRE, UN SUIVANT DE BACCHUS, CHOEURS DE SATYRES chantants ; SUIVANTS DE BACCHUS et BACCHANTES dansants ; CHLORIS, CLIMÈNE, TIRCIS, PHILÈNE, CHOEURS DE BERGERS chantants ; BERGERS et BERGÈRES dansants.

LE SATYRE.

Arrêtez, c'est trop entreprendre ;
Un autre dieu, dont nous suivons les lois,
S'oppose à cet honneur qu'à l'Amour osent rendre
Vos musettes et vos voix :
A des titres si beaux Bacchus seul peut prétendre,
Et nous sommes ici pour défendre ses droits.

CHOEUR DE SATYRES.

Nous suivons de Bacchus le pouvoir adorable ;
Nous suivons en tous lieux
Ses attraits glorieux :

Il est le plus aimable
Et le plus grand des dieux.

DEUXIÈME ENTRÉE DU BALLET.

Suivants de Bacchus et bacchantes dansants.

CHLORIS.

C'est le printemps qui rend l'ame
A nos champs semés de fleurs ;
Mais c'est l'Amour et sa flamme
Qui font revivre nos cœurs.

UN SUIVANT DE BACCHUS.

Le soleil chasse les ombres
Dont le ciel est obscurci ;
Et des ames les plus sombres
Bacchus chasse le souci.

CHOEUR DES SUIVANTS DE BACCHUS.

Bacchus est révéré sur la terre et sur l'onde.

CHOEUR DES SUIVANTS DE L'AMOUR.

Et l'Amour est un dieu qu'on adore en tous lieux.

CHOEUR DES SUIVANTS DE BACCHUS.

Bacchus à son pouvoir a soumis tout le monde.

CHOEUR DES SUIVANTS DE L'AMOUR.

Et l'Amour a dompté les hommes et les dieux.

CHOEUR DES SUIVANTS DE BACCHUS.

Rien peut-il égaler sa douceur sans seconde ?

CHOEUR DES SUIVANTS DE L'AMOUR.

Rien peut-il égaler ses charmes précieux ?

CHOEUR DES SUIVANTS DE BACCHUS.

Fi de l'Amour et de ses feux !

CHOEUR DES SUIVANTS DE L'AMOUR.

Ah! quel plaisir d'aimer!

CHOEUR DES SUIVANTS DE BACCHUS.

Ah! quel plaisir de boire!

CHOEUR DES SUIVANTS DE L'AMOUR.

A qui vit sans amour la vie est sans appas.

CHOEUR DES SUIVANTS DE BACCHUS.

C'est mourir que de vivre et de ne boire pas.

CHOEUR DES SUIVANTS DE L'AMOUR.

Aimables fers!

CHOEUR DES SUIVANTS DE BACCHUS.

Douce victoire!

CHOEUR DES SUIVANTS DE L'AMOUR.

Ah! quel plaisir d'aimer!

CHOEUR DES SUIVANTS DE BACCHUS.

Ah! quel plaisir de boire.

TOUS ENSEMBLE.

Non, non, c'est un abus :
Le plus grand dieu de tous...

CHOEUR DES SUIVANTS DE L'AMOUR.

C'est l'Amour.

CHOEUR DES SUIVANTS DE BACCHUS.

C'est Bacchus.

SCÈNE IV.

UN BERGER, et les mêmes acteurs.

LE BERGER.

C'est trop, c'est trop, bergers. Hé! pourquoi ces débats?
Souffrons qu'en un parti la raison nous assemble.

L'Amour a des douceurs, Bacchus a des appas;
Ce sont deux déités qui sont fort bien ensemble;
Ne les séparons pas.

LES DEUX CHOEURS.

Mêlons donc leurs douceurs aimables :
Mêlons nos voix dans ces lieux agréables,
Et faisons répéter aux échos d'alentour
Qu'il n'est rien de plus doux que Bacchus et l'Amour.

TROISIÈME ENTRÉE DE BALLET.

Les bergers et les bergères se mêlent avec les suivants de Bacchus et les Bacchantes. Les suivants de Bacchus frappent avec leurs thyrses les espèces de tambours de Basques que portent les bacchantes pour représenter ces cribles qu'elles portoient anciennement aux fêtes de Bacchus ; les uns et les autres font différentes postures, pendant que les bergers et les bergères dansent plus sérieusement.

FIN DES INTERMÈDES DE GEORGE DANDIN.

Nom des personnes qui ont représenté, chanté et dansé dans les intermèdes de la comédie de George Dandin.

George Dandin, *le sieur Molière.* Bergers dansants, déguisés en valets de fête, *les sieurs Beauchamp, Saint-André, La Pierre, Favier.* Bergers jouant de la flûte, *les sieurs Descôteaux, Philbert, Jean et Martin Hotteterre.* Climène, *mademoiselle Hilaire.* Chloris, *mademoiselle des Fronteaux.* Tircis, *le sieur Blondel.* Philène, *le sieur Gaye.* Une bergère, *mademoiselle....* Bateliers dansants, *les sieurs Beauchamp, Jouan, Chicanneau, Favier, Noblet, Mayeux.* Un paysan, ami de George Dandin, *le sieur....* Bergers dansants, *les sieurs Chicanneau, Saint-André, La Pierre, Favier.* Bergères dansantes, *les sieurs Bonard, Arnald, Noblet, Foignard.* Satyre chantant, *le sieur Estival.* Suivant de Bacchus chantant, *le sieur Gingan.* Suivants de Bacchus dansants, *les sieurs Beauchamp, Dolivet, Chicanneau, Mayeux.* Bacchantes dansantes, *les sieurs Paysan, Manceau, Le Roy, Pesan.* Un berger, *le sieur Le Gros.*

Cet agréable spectacle étant fini de la sorte, le roi et toute la cour sortirent par le portique du côté gauche du salon, et qui rend dans l'allée de traverse, au bout de laquelle, à l'endroit où elle coupe l'allée des prés, l'on aperçut de loin un édifice élevé de cinquante pieds de haut. Sa figure étoit octogone, et sur le haut de la couverture s'élevoit une espèce de dôme, d'une grandeur et d'une hauteur si belle et si proportionnée, que le tout ensemble ressembloit beaucoup à ces beaux temples antiques, dont l'on voit encore quelques restes. Il étoit tout couvert de feuillages, et rempli d'une infinité de lumières. A mesure qu'on s'en approchoit, on y découvroit mille différentes beautés. Il étoit isolé, et l'on voyoit dans les huit angles autant de pilastres qui servoient comme de pieds forts ou d'arcs-boutants élevés de quinze pieds de haut. Au-dessus de ces pilastres il y avoit de grands vases ornés de différentes façons et remplis de lumières. Du haut de ces vases sortoit une fontaine qui, retombant à l'entour, les environnoit comme d'une cloche de cristal : ce qui faisoit un effet d'autant plus admirable, qu'on voyoit un feu éclairer agréablement au milieu de l'eau.

Cet édifice étoit percé de huit portes. Au-devant de celle par où l'on entroit, et sur deux piédestaux de verdure, étoient deux grandes figures dorées qui représentoient deux faunes jouant chacun d'un instrument. Au-dessus de ces portes on voyoit comme une espèce de frise ornée de huit grands bas-reliefs représentant, par des figures assises, les quatre saisons de l'année et les quatre parties du jour. A côté des premières il y avoit des doubles L, et à côté des autres, des fleurs de lis. Elles étoient toutes enchâssées parmi le feuillage, et faites avec un artifice de lumière si beau et si surprenant, qu'il sembloit que toutes ces figures, ces L et ces fleurs de lis fussent d'un métal lumineux et transparent.

Le tour du petit dôme étoit aussi orné de huit bas-reliefs éclairés de la même sorte; mais, au lieu de figures, c'étoient des trophées disposés en différentes manières. Sur les angles du principal édifice et du petit dôme, il y avoit de grosses boules de verdure qui en terminoient les extrémités.

Si l'on fut surpris en voyant par-dehors la beauté de ce lieu, on le fut encore davantage en voyant le dedans. Il étoit presque impossible de ne se pas persuader que ce ne fût un enchantement, tant il y paroissoit de choses qui sembloient ne se pouvoir faire que par magie. Sa grandeur étoit de huit toises de diamètre. Au milieu il y avoit un grand rocher, et autour du rocher une table de figure octogone chargée de soixante-quatre couverts. Ce rocher étoit percé en quatre endroits. Il sembloit que la nature eût fait choix de tout ce qu'elle a de plus beau et de plus riche pour la composition de cet ouvrage, et qu'elle eût elle-même pris plaisir d'en faire son chef-d'œuvre, tant les ouvriers avoient bien su cacher l'artifice dont ils s'étoient servis pour l'imiter.

Sur la cime du rocher étoit le cheval Pégase; il sembloit, en se cabrant, faire sortir de l'eau qu'on voyoit couler doucement de dessous ses pieds, mais qui aussitôt tomboit avec abondance, et formoit comme quatre fleuves. Cette eau, qui se précipitoit avec violence et par gros bouillons parmi les pointes du rocher, le rendoit tout blanc d'écume, et ne s'y perdoit que pour paroître ensuite plus belle et plus brillante; car, ressortant avec impétuosité par des endroits cachés, elle faisoit des chutes d'autant plus agréables, qu'elles se séparoient en plusieurs petits ruisseaux parmi les cailloux et les coquilles. Il sortoit de tous les endroits les plus creux du rocher mille gouttes d'eau qui, avec celles des cascades, venoient inonder une pelouse couverte de mousse et de divers coquillages qui, en faisoit l'entrée. C'étoit sur ce beau vert, et à l'entour de ces coquilles, que ces eaux, venant à se répandre et à couler agréablement, faisoient une infinité de retours qui paroissoient autant de petites ondes d'argent, et, avec un murmure doux et agréable qui s'accordoit au bruit des cascades, tomboient en cent différentes manières dans huit canaux qui séparoient la table d'avec le rocher, et en recevoient toutes les eaux. Ces canaux étoient revêtus de carreaux de porcelaine et de mousse, au bord desquels il y avoit de grands vases à l'antique émaillés d'or et d'azur, qui, jetant l'eau par trois différents endroits, remplissoient trois grandes coupes de cristal qui se dégorgeoient encore dans ces mêmes canaux.

Au-dessous du cheval Pégase, et vis-à-vis la porte par où l'on entroit, on voyoit la figure d'Apollon assis, tenant dans sa main une lyre : les neuf Muses étoient au-dessous de lui, qui tenoient aussi divers instruments. Dans les quatre coins du rocher, et au-dessous de la chute de ces fleuves, il y avoit quatre figures couchées qui en représentoient les divinités.

De quelque côté qu'on regardât ce rocher, l'on y voyoit toujours différents effets d'eau ; et les lumières dont il étoit éclairé étoient si bien disposées, qu'il n'y en avoit point qui ne contribuassent à faire paroître toutes les figures qui étoient d'argent, et à faire briller davantage les divers éclats de l'eau et les différentes couleurs des pierres et des cristaux dont il étoit composé. Il y avoit même des lumières si industrieusement cachées dans les cavités de ce rocher, qu'elles n'étoient point aperçues, mais qui cependant le faisoient voir partout, et donnoient un lustre et un éclat merveilleux à toutes les gouttes d'eau qui tomboient.

Des huit portes dont ce salon étoit percé, il y en avoit quatre au droit des quatre grandes allées, et quatre autres qui étoient vis-à-vis des petites allées qui sont dans les angles de cette place. A côté de chaque porte il y avoit quatre grandes niches percées à jour et remplies d'un grand pied d'argent; au-dessus étoit un grand vase de même matière, qui portoit une girandole de cristal, allumée de dix bougies de cire blanche. Dans les huit angles qui forment la figure de ce lieu il y avoit un corps solide taillé rustiquement, et dont le fond verdâtre brilloit en façon de cristal ou d'eau congelée. Contre ce corps étoient quatre coquilles de marbre les unes au-dessous des autres, et dans des distances fort proportionnées : la plus haute étoit la moins grande, et celles de dessous augmentoient toujours en grandeur, pour mieux recevoir l'eau qui tomboit des unes dans les autres. On avoit mis sur la coquille la plus élevée une girandole de cristal, allumée de dix bougies, et de cette coquille sortoit de l'eau en forme de nappe, qui, tombant dans la seconde coquille, se répandoit dans une troisième, où l'eau d'un masque posé au-dessus venant à se rendre, la remplissoit encore davantage. Cette troisième coquille étoit portée par deux dauphins dont les écailles étoient de couleur de nacre : ces deux dauphins jetoient de l'eau dans la quatrième coquille, où tomboit aussi en nappe l'eau de la coquille qui étoit au-dessus ; et toutes ces eaux venoient enfin se rendre dans un bassin de marbre, aux deux extrémités duquel étoient deux grands vases remplis d'orangers.

Le plafond de ce lieu n'étoit pas cintré en forme de voûte ; il s'élevoit jusqu'à l'ouverture du petit dôme par huit pans, qui représentoient un compartiment de menuiserie artistement taillé de feuillages dorés. Dans ces compartiments qui paroissoient percés, l'on avoit peint des branches d'arbres au naturel, pour avoir plus d'union avec la feuillée dont le corps de cet édifice étoit composé. Le haut du petit dôme étoit aussi un compartiment d'une riche broderie d'or et d'argent sur un fond vert.

Outre vingt-cinq lustres de cristal, chacun de dix bougies, qui éclairoient ce lieu, et qui tomboient du haut de la voûte, il y en avoit encore d'autres au milieu des huit portes, qui étoient attachés avec de grandes écharpes de gaze d'argent entre des festons de fleurs, noués avec de pareilles écharpes enrichies d'une frange de même.

Sur la grande corniche qui régnoit tout autour de ce salon étoient rangés soixante-quatre vases de porcelaine remplis de diverses fleurs, et entre ces vases on avoit mis soixante-quatre boules de cristal de diverses couleurs et d'un pied de diamètre, soutenues sur des pieds d'argent : elles paroissoient comme autant de pierres précieuses, et étoient éclairées d'une manière si ingénieuse, que la lumière, passant au travers, et se trouvant chargée de différentes couleurs de ces cristaux, se répandoit par tout le haut du plafond, où elle faisoit des effets si admirables, qu'il sembloit que ce fussent les couleurs mêmes d'un véritable arc-en-ciel. De cette corniche, et du tour que formoit l'ouverture du petit dôme, pendoient plusieurs festons de toutes sortes de fleurs, attachés avec de grandes écharpes de gaze d'argent, dont les bouts, tombant entre chaque feston, paroissoient avec beaucoup d'éclat et de grace sur tout le corps de cette architecture, qui étoit de feuillage, et dont l'on avoit si bien su former différentes sortes de verdure, que la diversité des arbres qu'on y avoit employés, et que l'on avoit su accommoder les uns auprès des autres, ne faisoit pas une des moindres beautés de la composition de cet agréable édifice.

Au-delà du portique qui étoit vis-à-vis de celui par où l'on entroit, on avoit dressé un buffet d'une beauté et d'une richesse tout extraordinaire. Il étoit enfoncé de dix-huit pieds dans l'allée, et l'on y montoit par trois grands degrés en forme d'estrade. Il y avoit des deux côtés de ce buffet deux manières d'ailes élevées d'environ dix pieds de haut, dont le dessous servoit pour passer ceux qui portoient les viandes. Sur le milieu de chacune de ces ailes étoit un socle de verdure qui portoit un grand guéridon d'argent, chargé d'une girandole aussi d'argent, allumée de bougies de cire blanche; et à côté de ces guéridons plusieurs grands vases d'argent: contre ce socle étoit attachée une grande plaque d'argent à trois branches, portant chacune un flambeau de cire blanche.

Sur la table du buffet, il y avoit quatre degrés de deux pieds de large et de trois à quatre pieds de haut, qui s'élevoient jusques à un plafond de feuillée de vingt-cinq pieds d'exhaussement. Sur ce buffet et sur ces degrés l'on voyoit, dans une disposition agréable, vingt-quatre bassins d'argent d'une grandeur extrême et d'un ouvrage merveilleux : ils étoient séparés les uns des autres par autant de grands vases, de cassolettes et de girandoles d'argent d'une pareille beauté. Il y avoit sur la table vingt-quatre grands pots d'argent, remplis de toutes sortes de fleurs, avec la nef du roi, la vaisselle et les verres destinés pour son service. Au-devant de la table on voyoit une grande cuvette d'argent en forme de coquille, et, aux deux bouts du buffet, quatre guéridons d'argent de six pieds de haut, sur lesquels étoient des girandoles d'argent allumées de dix bougies de cire blanche.

Dans les deux autres arcades qui étoient à côté de celle-ci, étoient deux autres buffets moins hauts et moins larges que celui du milieu : chaque table avoit deux degrés, sur lesquels étoient dressés quatre grands bassins d'argent, qui accompagnoient un grand vase chargé d'une girandole allumée de dix bougies ; et entre ces bassins et ce vase il y avoit plusieurs figures d'argent. Aux deux bouts du buffet l'on voyoit deux grandes plaques portant chacune trois flambeaux de cire blanche ; au-dessus du dossier, un guéridon d'argent chargé de plusieurs bougies ; et à côté, plusieurs grands vases d'un prix et d'une pesanteur extraordinaires, outre six grands bassins qui servoient de fond. Devant chaque table il y avoit une grande cuvette d'argent, pesant mille marcs ; et ces tables, qui étoient comme deux crédences pour accompagner le grand buffet du roi, étoient destinées pour le service des dames.

Au-delà de l'arcade qui servoit d'entrée du côté de l'allée qui descend vers les grilles du grand parc, étoit un enfoncement de dix-huit toises de long, qui formoit comme un avant-salon.

Ce lieu étoit terminé d'un grand portique de verdure, au-delà duquel il y avoit une grande salle bornée par les deux côtés des palissades de l'allée, et par l'autre bout, d'un autre portique de feuillages. Dans cette salle l'on avoit dressé quatre grandes tentes très-magnifiques, sous lesquelles étoient huit tables accompagnées de leurs buffets chargés de bassins, de verres et de lumières, disposés dans un ordre tout-à-fait singulier.

Lorsque le roi fut entré dans le salon octogone, et que toute la cour, surprise de la beauté et de la disposition si extraordinaire de ce lieu, en eut bien considéré toutes les parties, sa majesté se mit à table, le dos tourné du côté par où elle étoit entrée ; et lorsque Monsieur eut pris aussi sa place, les dames qui étoient nommées par sa majesté pour y souper, prirent les leurs, selon qu'elles se rencontrèrent, sans garder aucun rang. Celles qui eurent cet honneur furent :

Mesdemoiselles d'Angoulême.

Mesdames
- Aubry de Courcy.
- De Saint-Abre.
- De Broglio.
- De Bailleul.
- De Bonnelle.
- Bignon.
- De Bordeaux.
- Mademoiselle Borelle.
- De Brissac.
- De Coulange.
- La maréchale de Clérambaut.
- La maréchale de Castelnau.
- De Comminge.
- La marquise de Castelnau.
- La maréchale d'Estrées.
- La maréchale d'Albret et mademoiselle sa fille.
- Mademoiselle d'Elbeuf.
- La maréchale de la Ferté.
- De la Fayette.
- La comtesse de Fiesque.
- De Fontenay-Hotman.
- De Fieubet.
- La maréchale de Grancey et mesdemoiselles ses deux filles.
- Des Hameaux.
- La maréchale de l'Hôpital.
- La lieutenante civile.
- La comtesse de Louvigny.

Mademoiselle de Manichan.
De Meckelbourg.
La grande maréchale.
De Marré.
De Nemours.
De Richelieu.
La duchesse de Richemont.
Mademoiselle de Tresme.
Tambonneau.
De La Trousse.
La présidente de Tubœuf.
La duchesse de La Vallière.
La marquise de La Vallière.
De Villacerf.
La duchesse de Wirtemberg et madame sa fille.
De Valavoir.

Comme la somptuosité de ce festin passe tout ce qu'on en pourroit dire, tant par l'abondance et la délicatesse des viandes qui y furent servies que par le bel ordre que le maréchal de Bellefonds, et le sieur de Valentiné, contrôleur général de la maison du roi, y apportèrent, je n'entreprendrai pas d'en faire le détail, je dirai seulement que le pied du rocher étoit revêtu, parmi les coquilles et la mousse, de quantité de pâtes, de confitures, de conserves, d'herbages, et de fruits sucrés, qui sembloient être crûs parmi les pierres, et en faire partie. Il y avoit sur les huit angles qui marquent la figure du rocher et de la table huit, pyramides de fleurs, dont chacune étoit composée de treize porcelaines remplies de différents mets. Il y eut cinq services, chacun de cinquante-six plats ; les plats du dessert étoient chargés de seize porcelaines en pyramides, où tout ce qu'il y a de plus exquis et de plus rare dans la saison paroissoit à l'œil et au goût d'une manière qui secondoit bien ce que l'on avoit fait dans cet agréable lieu pour charmer la vue.

Dans une allée assez proche de là, et sous une tente, étoit la table de la reine, où mangeoient Madame, Mademoiselle, madame la princesse de Carignan. Monseigneur le dauphin soupa au château dans son appartement.

Le roi étoit servi par M. le duc, et Monsieur par le sieur de Valentiné. Le sieur Grotteau, contrôleur de la bouche, les sieurs Gaut et Chamois, contrôleurs d'office, mettoient les viandes sur la table.

Le maréchal de Bellefonds servoit la reine ; et le sieur Couret, contrôleur d'office, servoit Madame ; le sieur de La Grange, aussi contrôleur d'office, mettoit sur la table, les cent-suisses de la garde portoient les viandes, et les pages et les valets de pied du roi, de la reine, de Monsieur et de Madame, servoient les tables de leurs majestés.

Dans le même temps que l'on portoit sur ces deux tables, il y en avoit huit autres que l'on servoit de la même manière, qui étoient dressées sous les quatre tentes dont j'ai parlé, et ces tables avoient leurs maîtres d'hôtel, qui faisoient porter les viandes par les gardes-suisses.

La première étoit celle
De madame la comtesse de Soissons, de 20 couverts.

De madame la princesse de Bade, de	20 couverts.
De madame la duchesse de Créquy, de	20
De madame la maréchale de la Mothe, de	20
De madame de Montausier, de	40
De madame la maréchale de Bellefonds, de	65
De madame la maréchale d'Humières, de	20
De madame de Béthune, de	20

Il y en avoit encore trois autres dans une petite allée à côté de celle que tenoit madame la maréchale de Bellefonds, de quinze à seize couverts chacune, dont les maîtres d'hôtel du roi avoient le soin.

Quantité d'autres tables se servoient de la desserte de la reine, et des autres, pour les femmes de la reine, et pour d'autres personnes.

Dans la grotte, proche du château, il y eut trois tables pour les ambassadeurs, qui furent servies en même temps, de vingt-deux couverts chacune.

Il y avoit encore en plusieurs endroits des tables dressées, où l'on donnoit à manger à tout le monde; et l'on peut dire que l'abondance des viandes, des vins et des liqueurs, la beauté et l'excellence des fruits et des confitures, et une infinité d'autres choses délicatement apprêtées, faisoient bien voir que la magnificence du roi se répandoit de tous côtés.

Le roi s'étant levé de table pour donner un nouveau

divertissement aux dames, et passant par le portique où l'allée monte vers le château, les conduisit dans la salle du bal.

A deux cents pas de l'endroit où l'on avoit soupé, et dans une traverse d'allées qui forme un espace d'une vaste grandeur, l'on avoit dressé un édifice d'une figure octogone, haut de plus de neuf toises, et large de dix. Toute la cour marcha le long de l'allée sans s'apercevoir du lieu où elle étoit; mais, comme elle eut fait plus de la moitié du chemin, il y eut une palissade de verdure qui, s'ouvrant tout d'un coup de part et d'autre, laissa voir, au travers d'un grand portique, un salon rempli d'une infinité de lumières, et une longue allée audelà, dont l'extraordinaire beauté surprit tout le monde.

Ce bâtiment n'étoit pas tout de feuillages comme celui où l'on avoit soupé; il représentoit une superbe salle revêtue de marbre et de porphyre, et ornée seulement en quelques endroits de verdure et de festons. Un grand portique de seize pieds de large et de trente-deux de haut, servoit d'entrée à ce riche salon; il avançoit environ trois toises dans l'allée, et cette avance servoit encore de vestibule, et faisoit symétrie aux autres enfoncements qui se rencontroient dans les huit côtés. Du milieu du portique pendoient de grands festons de fleurs, attachés de part et d'autre. Aux deux côtés de l'entrée, et sur deux piédestaux, on voyoit des termes représentant des satyres, qui étoient là comme les gardes de ce beau lieu. A la hauteur de huit pieds, ce salon étoit ouvert par les six côtés, entre la porte par où l'on entroit et l'allée du milieu; ces ouvertures formoient six grandes arcades, qui servoient de tribunes, où l'on avoit dressé plusieurs siéges en forme d'amphithéâtres, pour asseoir plus de vingt personnes dans chacune. Ces enfoncements étoient ornés de feuillages qui, venant à se terminer contre les pilastres et le haut des arcades, y montroient assez que ce bel endroit étoit paré comme à un jour de fête, puisque l'on y mêloit des feuilles et des fleurs pour l'orner; car les impostes et les clefs des arcades étoient marquées par des festons et des ceintures de fleurs.

Du côté droit, dans l'arcade du milieu, et en haut de l'enfoncement, étoit une grotte de rocaille, où, dans un large bassin travaillé rustiquement, l'on voyoit Arion porté sur un dauphin, et tenant une lyre; il avoit à côté de lui deux tritons; c'étoit dans ce lieu que les musiciens étoient placés. A l'opposite, l'on avoit mis tous les joueurs d'instruments; l'enfoncement de l'arcade où ils étoient formoit aussi une grotte où l'on voyoit Orphée sur un rocher, qui sembloit joindre sa voix à celle de deux nymphes assises auprès de lui. Dans le fond des quatre autres arcades il y avoit d'autres grottes, où, par la gueule de certains monstres, sortoit de l'eau qui tomboit dans des bassins rustiques, d'où elle s'échappoit entre des pierres, et dégouttoit lentement parmi la mousse et les rocailles.

Contre les huit pilastres qui formoient ces arcades, et sur des piédestaux de marbre, l'on avoit posé huit grandes figures de femmes, qui tenoient dans leurs mains divers instruments dont elles sembloient se servir pour contribuer au divertissement du bal.

Dans le milieu des piédestaux il y avoit des masques de bronze doré qui jetoient de l'eau dans un bassin. Au bas de chaque piédestal, et des deux côtés du même bassin, s'élevoient deux jets d'eau qui formoient deux chandeliers. Tout autour de ce salon régnoit un siége de marbre sur lequel, d'espace en espace, étoient plusieurs vases remplis d'orangers.

Dans l'arcade qui étoit vis-à-vis de l'entrée, et qui servoit d'ouverture à une grande allée de verdure, l'on voyoit encore, sur deux piédestaux, deux figures qui représentoient Flore et Pomone. De ces piédestaux il en sortoit de l'eau comme de ceux du salon.

Le haut du salon s'élevoit au-dessus de la corniche par huit pans, jusques à la hauteur de douze pieds; puis, formant un plafond de figure octogone, laissoit dans le milieu une ouverture de pareille forme, dont l'enfoncement étoit de cinq à six pieds. Dans ces huit pans étoient huit grands soleils d'or, soutenus de huit figures qui représentoient les douze mois de l'année avec les signes du zodiaque; le fond étoit d'azur semé de fleurs de lis d'or, et le reste enrichi de roses et d'autres ornements d'or, d'où pendoient trente-deux lustres portant chacun douze bougies.

Outre toutes ces lumières qui faisoient le plus beau jour du monde, il y avoit dans les six tribunes vingt-quatre plaques, dont chacune portoit neuf bougies; et, aux deux côtés des huit pilastres, au-dessus des figures, sortoient de la feuillée de grands fleurons d'argents, en forme de branches d'arbres, qui soutenoient treize chandeliers disposés en pyramides. Aux deux côtés de la porte, et dans l'endroit qui servoit comme de vestibule, il y avoit six grandes plaques en ovale, enrichies des chiffres du roi ; chacune de ces plaques portoit seize chandeliers allumés de seize bougies.

L'allée qui aboutit au milieu de ce salon, avoit plus de vingt pieds de large ; elle étoit toute défeuillée de part et d'autre, et paroissoit découverte par le haut ; par les côtés elle sembloit accompagnée de huit cabinets, où, à chaque encoignure, l'on voyoit, sur des piédestaux de marbre, des termes qui représentoient des satyres ; à l'endroit où étoient ces termes, les cabinets se fermoient en berceaux.

Au bout de l'allée il y avoit une grotte de rocaille, où l'art étoit si heureusement joint à la nature, que, parmi les figures qui l'ornoient, on y voyoit cette belle négligence et cet arrangement rustique qui donne un si grand plaisir à la vue.

Au haut et dans le lieu le plus enfoncé de la grotte on découvroit une espèce de masque de bronze doré, représentant la tête d'un monstre marin. Deux tritons argentés ouvroient les deux côtés de la gueule de ce masque, duquel s'élevoit en forme d'aigrette un gros bouillon d'eau, dont la chute, augmentant celle qui tomboit de sa gueule extraordinairement grande, faisoit une nappe qui se répandoit dans un grand bassin d'où ces deux tritons sembloient sortir.

De ce bassin se formoit une autre grande nappe, accompagnée de deux gros jets d'eau que deux animaux d'une figure monstrueuse vomissoient en se regardant l'un l'autre. Ces deux animaux, qui ne paroissoient qu'à demi hors de la roche, étoient aussi de bronze doré. De cette quantité d'eau qu'ils jetoient, et de celle de ce bassin qui tomboit dans un autre beaucoup plus grand, il se formoit une troisième nappe qui, couvrant tout le bas du rocher, et se déchirant inégalement contre les pierres d'en bas, faisoit paroître des éclats si beaux et si extraordinaires, qu'on ne les peut bien exprimer.

Cette abondance d'eau qui, comme un agréable torrent, se précipitoit de la sorte par différentes chutes, sembloit couvrir le rocher de plusieurs voiles d'argent qui n'empêchoient pas qu'on ne vît la disposition des pierres et des coquillages, dont les couleurs paroissoient encore avec plus de beauté parmi la mousse mouillée, et au travers de l'eau qui tomboit en bas, où elle formoit de gros bouillons d'écume.

De ce dernier endroit, où toute cette eau finissoit sa chute dans un carré qui étoit au pied de la grotte, elle se divisoit en deux canaux qui, bordant les deux côtés de l'allée, venoient se terminer dans un grand bassin dont la figure étoit d'un carré long augmenté par les quatre côtés de quatre demi-ronds, lequel séparoit l'allée d'avec le salon; mais cette eau ne couloit pas sans faire paroître mille beaux effets; car, vis-à-vis des huit cabinets, il y avoit dans chaque canal deux jets d'eau qui formoient de chaque côté seize lances de douze à quinze pieds de haut; et, d'espace en espace, l'eau de ces canaux, venant à tomber, faisoit des cascades qui composoient autant de petites nappes argentées, dont la longueur de chaque canal étoit agréablement interrompue.

Ces canaux étoient bordés de gazon de part et d'autre. Du côté des cabinets, et entre les termes qui en marquoient les encoignures, il y avoit dans de grands vases des orangers chargés de fleurs et de fruits; et le milieu de l'allée étoit d'un sable jaune qui partageoit les deux lisières de gazon.

Dans le bassin qui séparoit l'allée d'avec le salon, il y avoit un groupe de quatre dauphins dans des coquilles de bronze doré, posées sur un petit rocher; ces quatre dauphins ne formoient qu'une seule tête qui étoit renversée, et qui, ouvrant la gueule en haut, poussoit un jet d'eau d'une grosseur extraordinaire. Après que cette eau, qui s'élevoit de plus de trente pieds de haut, avoit frappé la feuillée avec violence, elle retomboit dans le bassin en mille petites boules de cristal.

Aux deux côtés de ce bassin il y avoit quatre grandes plaques en ovale, chargées chacune de quinze bougies; mais, comme toutes les autres lumières qui éclairoient cette allée étoient cachées derrière les pilastres et les termes qui marquoient les cabinets, l'on ne voyoit qu'un jour universel, qui se répandoit si agréablement dans tout ce lieu, et en découvroit les parties avec tant de beauté, que tout le monde préféroit cette clarté à la lumière des plus beaux jours. Il n'y avoit point de jet d'eau qui ne fît paroître mille brillants; et l'on reconnoissoit principalement dans ce lieu et dans la grotte où le roi avoit soupé, une distribution d'eau si belle et si extraordinaire, que jamais il ne s'est rien vu de pareil. Le sieur Joly, qui en avoit la conduite, les avoit si bien ménagées, que, produisant toutes des effets différents, il y avoit encore une union et un certain accord qui faisoit paroître partout une agréable beauté, la chute des unes servant, en plusieurs endroits, à donner plus d'éclat à la chute des autres. Les jets d'eau qui s'élevoient de quinze pieds sur le devant des deux canaux, venoient peu à peu à diminuer de hauteur et de force, à mesure qu'ils s'éloignoient de la vue; de sorte que, s'accordant avec la belle manière dont l'on avoit disposé l'allée, il sembloit que cette allée qui n'avoit guère plus que quinze toises de long, en eût quatre fois davantage, tant toutes choses y étoient bien conduites.

Pendant que, dans un séjour si charmant, leurs majestés et toute la cour prenoient le divertissement du bal, à la vue de ces beaux objets, et au bruit de ces eaux qui n'interrompoient qu'agréablement le son des instruments, l'on préparoit ailleurs d'autres spectacles dont personne ne s'étoit aperçu, et qui devoient surprendre tout le monde. Le sieur Gissey, outre le soin qu'il avoit pris du lieu où le roi avoit soupé, et des dessins de tous les habits de la comédie, se trouvant encore chargé des illuminations qu'on devoit mettre au château et en plusieurs endroits du parc, travailloit à mettre toutes ces choses en ordre pour faire que ce beau divertissement eût une fin aussi heureuse et aussi agréable que le succès en avoit été favorable jusques alors ; ce qui arriva en effet par les soins qu'il y prit : car, en un moment, toutes les choses furent si bien ordonnées, que, quand leurs majestés sortirent du bal, elles aperçurent le tour du fer à cheval et le château tout en feu, mais d'un feu si beau et si agréable, que cet élément, qui ne paroît guère dans l'obscurité de la nuit sans donner de la crainte et de la frayeur, ne causoit que du plaisir et de l'admiration. Deux cents vases de quatre pieds de haut de plusieurs façons, et ornés de différentes manières, entouroient ce grand espace qui enferme les parterres de gazon, et qui forme le fer à cheval. Au bas des degrés qui sont au milieu, on voyoit quatre figures représentant quatre fleuves; et au-dessus, sur quatre piédestaux qui sont aux extrémités des rampes, quatre autres figures qui représentoient les quatre parties du monde. Sur les angles du fer à cheval, et entre les vases, il y avoit trente-huit candelabres ou chandeliers antiques, de six pieds de haut; et ces vases, ces candelabres et ces figures étant éclairés de la même sorte que celles qui avoient paru dans la frise du salon où l'on avoit soupé, faisoient un spectacle merveilleux. Mais la cour étant arrivée au haut du fer à cheval, et découvrant encore mieux tout le château, ce fut alors que tout le monde demeura dans une surprise qui ne se peut connoître qu'en la ressentant.

Il étoit orné de quarante-cinq figures. Dans le milieu de la porte du château il y en avoit une qui représentoit Janus; et des deux côtés, dans les quatorze fenêtres d'en-bas, l'on voyoit différents trophées de guerre. A l'étage d'en-haut il y avoit quinze figures qui représentoient diverses vertus, et au-dessus un soleil avec des lyres, et d'autres instruments ayant rapport à Apollon, qui paroissoient en quinze différents endroits. Toutes ces figures étoient de diverses couleurs, mais si brillantes et si belles, que l'on ne pouvoit dire si c'étoient différents métaux allumés, ou des pierres de plusieurs couleurs qui fussent éclairées par un artifice inconnu. Les balustrades qui environnent le fossé du château étoient illuminées de la même sorte; et dans les endroits où durant le jour on avoit vu des vases d'orangers et de fleurs, l'on y voyoit cent vases de diverses formes, allumés de différentes couleurs.

De si merveilleux objets arrêtoient la vue de tout le monde, lorsqu'un bruit, qui s'éleva vers la grande allée, fit qu'on se tourna de ce côté-là. Aussitôt on la vit éclairée, d'un bout à l'autre, de soixante-douze termes, faits de la même manière que les figures qui étoient au château, et qui la bordoient des deux côtés. De ces termes il partit en un moment un si grand nombre de fusées, que les unes, se croisant sur l'allée, faisoient une espèce de berceau, et les autres, s'élevant tout droit, et laissant jusques en terre une grosse trace de lumière, formoient comme une haute palissade de feu. Dans le temps que ces fusées montoient jusqu'au ciel, et qu'elles remplissoient l'air de mille clartés plus brillantes que les étoiles, l'on voyoit, tout au bas de l'allée, le grand bassin d'eau, qui paroissoit une mer de flamme et de lumière, dans laquelle une infinité de feux plus rouges et plus vifs, sembloient se jouer au milieu d'une clarté plus blanche et plus claire.

A de si beaux effets se joignit le bruit de plus de cinq cents boîtes, qui, étant dans le grand parc et fort éloignées, sembloient être l'écho de ces grands éclats, dont les grosses fusées faisoient retentir l'air lorsqu'elles étoient en haut.

Cette grande allée ne fut guère en cet état, que les trois bassins de fontaines qui sont dans le parterre de gazon, au bas du fer à cheval, parurent trois sources de lumières. Mille feux sortoient du milieu de l'eau, qui, comme furieux, et s'échappant d'un lieu où ils auroient été retenus par force, se répandoient de tous côtés sur les bords du parterre. Une infinité d'autres feux, sortant de la gueule des lézards, des crocodiles, des grenouilles et des autres animaux de bronze qui sont sur les bords des fontaines, sembloient aller secourir les premiers, et se jetant dans l'eau sous la figure de plusieurs serpents, tantôt séparément, tantôt joints ensemble par gros pelotons, lui faisoient une rude guerre. Dans ces combats, accompagnés de bruits épouvantables et d'un embrasement qu'on ne peut représenter, ces deux éléments étoient si étroitement mêlés ensemble, qu'il étoit impossible de les distinguer. Mille fusées, qui s'élevoient en l'air, paroissoient comme des jets d'eau enflammés; et l'eau, qui bouillonnoit de toutes parts, ressembloit à des flots de feu et à des flammes agitées.

Bien que tout le monde sût que l'on préparoit des feux d'artifice, néanmoins, en quelque lieu qu'on allât durant le jour, l'on n'y voyoit nulle disposition; de sorte que, dans le temps que chacun étoit en peine du lieu où ils devoient paroître, l'on s'en trouva tout d'un coup environné: car, non-seulement ils partoient de ces bassins de fontaines, mais encore des grandes allées qui environnent le parterre; et, en voyant sortir de terre mille flammes qui s'élevoient de tous côtés, l'on ne savoit s'il y avoit des canaux qui fournissoient cette nuit-là autant de feux, comme pendant le jour on avoit vu des jets d'eau qui rafraîchissoient ce beau parterre. Cette surprise causa un agréable désordre parmi tout le monde, qui, ne sachant où se retirer, se cachoit dans l'épaisseur des bocages, et se jetoit contre terre.

Ce spectacle ne dura qu'autant de temps qu'il en faut pour imprimer dans l'esprit une belle image de ce que l'eau et le feu peuvent faire, quand ils se rencontrent ensemble et qu'ils se font la guerre; et chacun, croyant que la fête se termineroit par un artifice si merveilleux, retournoit vers le château, quand, du côté du grand étang, l'on vit tout d'un coup le ciel rempli d'éclairs, et l'air d'un bruit qui sembloit faire trembler la terre. Chacun se rangea vers la grotte pour voir cette nouveauté, et aussitôt il sortit de la tour de la pompe qui élève toutes les eaux, une infinité de grosses fusées qui remplirent tous les environs de feu et de lumières. A quelque hauteur qu'elles montassent, elles laissoient attachée à la tour une grosse queue qui ne s'en séparoit point que la fusée n'eût rempli l'air d'une infinité d'étoiles qu'elle y alloit répandre. Tout le haut de cette tour sembloit être embrasé, et de moment en moment elle vomissoit une infinité de feux, dont les uns s'élevoient jusqu'au ciel, et les autres, ne montant pas si haut, sembloient se jouer par mille mouvements agréables qu'ils faisoient. Il y en avoit même qui, marquant les chiffres du roi par leurs tours et retours, traçoient dans l'air de doubles L, toutes brillantes d'une lumière très-vive et très-pure. Enfin, après que de cette tour il fut sorti à plusieurs fois une si grande quantité de fusées, que jamais on n'a rien vu de semblable, toutes ces lumières s'éteignirent; et, comme si elles eussent obligé les étoiles du ciel à se retirer, l'on s'aperçut que de ce côté-là la plus grande partie ne se voyoit plus; mais que le jour, jaloux des avantages d'une si belle nuit, commençoit à paroître.

Leurs majestés prirent aussitôt le chemin de Saint-Germain avec toute la cour, et il n'y eut que monseigneur le dauphin qui demeura dans le château.

Ainsi finit cette grande fête, de laquelle, si l'on remarque bien toutes les circonstances, on verra qu'elle a surpassé en quelque façon ce qui a jamais été fait de plus mémorable. Car, soit que l'on regarde comme en si peu de temps l'on a dressé des lieux d'une grandeur extraordinaire pour la comédie, pour le souper et pour le bal, soit que l'on considère les divers ornements dont on les a embellis, le nombre des lumières dont on les a éclairés, la quantité d'eau qu'il a fallu conduire, et la distribution qui en a été faite, la somptuosité des repas, où l'on a vu une quantité de toutes sortes de viandes qui n'est pas concevable, et enfin toutes les choses nécessaires à la magnificence de ces spectacles et à la conduite de tant de différents ouvriers, on avouera qu'il ne s'est jamais rien fait de plus surprenant, et qui ait causé plus d'admiration.

FIN DE LA FÊTE DE VERSAILLES.

LA GLOIRE
DU VAL-DE-GRACE.

LA GLOIRE
DU VAL-DE-GRACE.

Digne fruit de vingt ans de travaux somptueux,
Auguste bâtiment, temple majestueux,
Dont le dôme superbe, élevé dans la nue,
Pare du grand Paris la magnifique vue,
Et, parmi tant d'objets semés de toutes parts,
Du voyageur surpris prend les premiers regards,
Fais briller à jamais, dans ta noble richesse,
La splendeur du saint vœu d'une grande princesse,
Et porte un témoignage à la postérité
De sa magnificence et de sa piété.
Conserve à nos neveux une montre fidèle
Des exquises beautés que tu tiens de son zèle :
Mais défends bien surtout de l'injure des ans
Le chef-d'œuvre fameux de ses riches présents,
Cet éclatant morceau de savante peinture
Dont elle a couronné ta noble architecture ;
C'est le plus bel effet des grands soins qu'elle a pris,
Et ton marbre et ton or ne sont point de ce prix.
 Toi qui, dans cette coupe, à ton vaste génie,
Comme un ample théâtre heureusement fournie,
Es venu déployer les précieux trésors
Que le Tibre t'a vu ramasser sur ses bords,
Dis-nous, fameux Mignard, par qui te sont versées

Les charmantes beautés de tes nobles pensées,
Et dans quel fonds tu prends cette variété
Dont l'esprit est surpris, et l'œil est enchanté :
Dis-nous quel feu divin, dans tes fécondes veilles,
De tes expressions enfante les merveilles,
Quels charmes ton pinceau répand dans tous ses traits,
Quelle force il y mêle à ses plus doux attraits,
Et quel est ce pouvoir qu'au bout des doigts tu portes,
Qui sait faire à nos yeux vivre des choses mortes,
Et, d'un peu de mélange et de bruns et de clairs,
Rendre esprit la couleur, et les pierres des chairs.

Tu te tais, et prétends que ce sont des matières
Dont tu dois nous cacher les savantes lumières;
Et que ces beaux secrets, à tes travaux vendus,
Te coûtent un peu trop pour être répandus :
Mais ton pinceau s'explique et trahit ton silence;
Malgré toi, de ton art il nous fait confidence;
Et, dans ses beaux efforts à nos yeux étalés,
Les mystères profonds nous en sont révélés.
Une pleine lumière ici nous est offerte;
Et ce dôme pompeux est une école ouverte
Où l'ouvrage, faisant l'office de la voix,
Dicte de ton grand art les souveraines lois.
Il nous dit fortement les trois nobles parties [1]
Qui rendent d'un tableau les beautés assorties,
Et dont, en s'unissant, les talents relevés
Donnent à l'univers les peintres achevés.

Mais des trois, comme reine, il nous expose celle [2]

[1] L'invention, le dessin, le coloris.
[2] L'invention, première partie de la peinture.

Que ne peut nous donner le travail ni le zèle,
Et qui, comme un présent de la faveur des cieux,
Est du nom de divine appelée en tous lieux ;
Elle, dont l'essor monte au-dessus du tonnerre,
Et sans qui l'on demeure à ramper contre terre ;
Qui meut tout, règle tout, en ordonne à son choix,
Et des deux autres mène et régit les emplois.
Il nous enseigne à prendre une digne matière
Qui donne au feu d'un peintre une vaste carrière,
Et puisse recevoir tous les grands ornements
Qu'enfante un beau génie en ses accouchements,
Et dont la poésie, et sa sœur la peinture,
Parant l'instruction de leur docte imposture,
Composent avec art ces attraits, ces douceurs,
Qui font à leurs leçons un passage à nos cœurs,
Et par qui, de tous temps, ces deux sœurs si pareilles
Charment, l'une les yeux, et l'autre les oreilles.
Mais il nous dit de fuir un discord apparent
Du lieu que l'on nous donne et du sujet qu'on prend,
Et de ne point placer dans un tombeau des fêtes,
Le ciel contre nos pieds, et l'enfer sur nos têtes.
Il nous apprend à faire avec détachement
Des groupes contrastés un noble agencement,
Qui du champ du tableau fasse un juste partage,
En conservant les bords un peu légers d'ouvrage,
N'ayant nul embarras, nul fracas vicieux
Qui rompe ce repos si fort ami des yeux,
Mais, où sans se presser, le groupe se rassemble,
Et forme un doux concert, fasse un beau tout ensemble ;
Où rien ne soit à l'œil mendié ni redit,

Tout s'y voyant tiré d'un vaste fonds d'esprit,
Assaisonné du sel de nos graces attiques,
Et non du fade goût des ornements gothiques,
Ces monstres odieux des siècles ignorants,
Que de la barbarie ont produits les torrents,
Quand leur cours, inondant presque toute la terre,
Fit à la politesse une mortelle guerre,
Et, de la grande Rome abattant les remparts,
Vint, avec son empire, étouffer les beaux arts.
Il nous montre à poser avec noblesse et grace
La première figure à la plus belle place,
Riche d'un agrément, d'un brillant de grandeur
Qui s'empare d'abord des yeux du spectateur,
Prenant un soin exact que, dans tout son ouvrage,
Elle joue aux regards le plus beau personnage,
Et que, par aucun rôle au spectacle placé,
Le héros du tableau ne se voie effacé.
Il nous enseigne à fuir les ornements débiles
Des épisodes froids et qui sont inutiles,
A donner au sujet toute sa vérité,
A lui garder partout pleine fidélité,
Et ne se point porter à prendre de licence,
A moins qu'à des beautés elle donne naissance.

 Il nous dicte amplement les leçons du dessin [1]
Dans la manière grecque et dans le goût romain ;
Le grand choix du beau vrai, de la belle nature,
Sur les restes exquis de l'antique sculpture,
Qui, prenant d'un sujet la brillante beauté,

---

[1] Le dessin, seconde partie de la peinture.

En savoit séparer la foible vérité,
Et, formant de plusieurs une beauté parfaite,
Nous corrige par l'art la nature qu'on traite.
Il nous explique à fond, dans ses instructions,
L'union de la grace et des proportions;
Les figures partout doctement dégradées,
Et leurs extrémités soigneusement gardées;
Les contrastes savants des membres agroupés,
Grands, nobles, étendus, et bien développés,
Balancés sur leur centre en beautés d'attitude,
Tous formés l'un pour l'autre avec exactitude,
Et n'offrant point aux yeux ces galimatias
Où la tête n'est point de la jambe ou du bras;
Leur juste attachement aux lieux qui les font naître,
Et les muscles touchés autant qu'ils doivent l'être;
La beauté des contours observés avec soin,
Point durement traités, amples, tirés de loin,
Inégaux, ondoyants, et tenant de la flamme,
Afin de conserver plus d'action et d'ame;
Les nobles airs de tête amplement variés,
Et tous au caractère avec choix mariés.
Et c'est là qu'un grand peintre, avec pleine largesse,
D'une féconde idée étale la richesse,
Faisant briller partout de la diversité,
Et ne tombant jamais dans un air répété :
Mais un peintre commun trouve une peine extrême
A sortir dans ses airs de l'amour de soi-même;
De redites sans nombre il fatigue les yeux,
Et, plein de son image, il se peint en tous lieux.
Il nous enseigne aussi les belles draperies,

De grands plis bien jetés suffisamment nourries,
Dont l'ornement aux yeux doit conserver le nu,
Mais qui, pour le marquer, soit un peu retenu,
Qui ne s'y colle point, mais en suive la grace,
Et, sans la serrer trop, la caresse et l'embrasse.
Il nous montre à quel air, dans quelles actions,
Se distinguent à l'œil toutes les passions;
Les mouvements du cœur peints d'une adresse extrême
Par des gestes puisés dans la passion même,
Bien marqués pour parler, appuyés, forts, et nets,
Imitant en vigueur les gestes des muets,
Qui veulent réparer la voix que la nature
Leur a voulu nier ainsi qu'à la peinture.
 Il nous étale enfin les mystères exquis [1]
De la belle partie où triompha Zeuxis,
Et qui, le revêtant d'une gloire immortelle,
Le fit aller de pair avec le grand Apelle;
L'union, les concerts, et les tons des couleurs,
Contrastes, amitiés, ruptures et valeurs,
Qui font les grands effets, les fortes impostures,
L'achèvement de l'art, et l'ame des figures.
Il nous dit clairement dans quel choix le plus beau
On peut prendre le jour et le champ du tableau,
Les distributions et d'ombre et de lumière
Sur chacun des objets et sur la masse entière,
Leur dégradation dans l'espace de l'air
Par les tons différents de l'obscur et du clair,
Et quelle force il faut aux objets mis en place

---

[1] Le coloris, troisième partie de la peinture.

Que l'approche distingue et le lointain efface ;
Les gracieux repos que, par des soins communs,
Les bruns donnent aux clairs, comme les clairs aux bruns ;
Avec quel agrément d'insensible passage
Doivent ces opposés entrer en assemblage ;
Par quelle douce chute ils doivent y tomber,
Et dans un milieu tendre aux yeux se dérober ;
Ces fonds officieux qu'avec art on se donne,
Qui reçoivent si bien ce qu'on leur abandonne ;
Par quels coups de pinceau, formant de la rondeur,
Le peintre donne au plat le relief du sculpteur ;
Quel adoucissement des teintes de lumière
Fait perdre ce qui tourne, et le chasse derrière,
Et comme avec un champ fuyant, vague, et léger,
La fierté de l'obscur, sur la douceur du clair
Triomphant de la toile, en tire avec puissance
Les figures que veut garder sa résistance,
Et, malgré tout l'effort qu'elle oppose à ses coups,
Les détache du fond et les amène à nous.

Il nous dit tout cela, ton admirable ouvrage :
Mais, illustre Mignard, n'en prends aucun ombrage ;
Ne crains pas que ton art, par ta main découvert,
A marcher sur tes pas tienne un chemin ouvert,
Et que de ses leçons les grands et beaux oracles
Élevent d'autres mains à tes doctes miracles ;
Il y faut des talents que ton mérite joint,
Et ce sont des secrets qui ne s'apprennent point.
On n'acquiert point, Mignard, par les soins qu'on se donne,
Trois choses dont les dons brillent dans ta personne :

Les passions, la grace, et les tons de couleur,
Qui des riches tableaux font l'exquise valeur ;
Ce sont présents du ciel qu'on voit peu qu'il assemble,
Et les siècles ont peine à les trouver ensemble.
C'est par là qu'à nos yeux nuls travaux enfantés
De ton noble travail n'atteindront les beautés :
Malgré tous les pinceaux que ta gloire réveille,
Il sera de nos jours la fameuse merveille,
Et des bouts de la terre, en ces superbes lieux,
Attirera les pas des savants curieux.

 O vous, dignes objets de la noble tendresse
Qu'a fait briller pour vous cette auguste princesse
Dont au grand Dieu naissant, au véritable Dieu,
Le zèle magnifique a consacré ce lieu,
Purs esprits, où du ciel sont les graces infuses,
Beaux temples des vertus, admirables recluses ;
Qui, dans votre retraite, avec tant de ferveur,
Mêlez parfaitement la retraite du cœur,
Et, par un choix pieux hors du monde placées,
Ne détachez vers lui nulle de vos pensées,
Qu'il vous est cher d'avoir sans cesse devant vous
Ce tableau de l'objet de vos vœux les plus doux,
D'y nourrir par vos yeux les précieuses flammes
Dont si fidèlement brûlent vos belles ames,
D'y sentir redoubler l'ardeur de vos desirs,
D'y donner à toute heure un encens de soupirs,
Et d'embrasser du cœur une image si belle
Des célestes beautés de la gloire éternelle,
Beautés qui dans leurs fers tiennent vos libertés,
Et vous font mépriser toutes autres beautés !

DU VAL-DE-GRACE.

Et toi, qui fus jadis la maîtresse du monde,
Docte et fameuse école en raretés féconde,
Où les arts déterrés ont, par un digne effort,
Réparé les dégâts des barbares du Nord,
Source des beaux débris des siècles mémorables,
O Rome, qu'à tes soins nous sommes redevables
De nous avoir rendu, façonné de ta main,
Ce grand homme chez toi devenu tout Romain,
Dont le pinceau, célèbre avec magnificence,
De ces riches travaux vient parer notre France,
Et dans un noble lustre y produire à nos yeux
Cette belle peinture inconnue en ces lieux,
La fresque, dont la grace, à l'autre préférée,
Se conserve un éclat d'éternelle durée,
Mais dont la promptitude et les brusques fiertés
Veulent un grand génie à toucher ses beautés !
De l'autre, qu'on connoît, la traitable méthode
Aux foiblesses d'un peintre aisément s'accommode :
La paresse de l'huile, allant avec lenteur,
Du plus tardif génie attend la pesanteur ;
Elle sait secourir, par le temps qu'elle donne,
Les faux pas que peut faire un pinceau qui tâtonne;
Et sur cette peinture on peut, pour faire mieux,
Revenir quand on veut avec de nouveaux yeux.
Cette commodité de retoucher l'ouvrage,
Aux peintres chancelants est un grand avantage;
Et ce qu'on ne fait pas en vingt fois qu'on reprend,
On le peut faire en trente, on le peut faire en cent.

Mais la fresque est pressante, et veut sans complaisance
Qu'un peintre s'accommode à son impatience,

La traite à sa manière, et d'un travail soudain,
Saisisse le moment qu'elle donne à sa main.
La sévère rigueur de ce moment qui passe
Aux erreurs d'un pinceau ne fait aucune grace;
Avec elle il n'est point de retour à tenter,
Et tout au premier coup se doit exécuter.
Elle veut un esprit où se rencontre unie
La pleine connoissance avec le grand génie,
Secouru d'une main propre à le seconder,
Et maîtresse de l'art jusqu'à le gourmander,
Une main prompte à suivre un beau feu qui la guide,
Et dont, comme un éclair, la justesse rapide
Répande dans ses fonds, à grands traits non tâtés,
De ses expressions les touchantes beautés.
C'est par là que la fresque, éclatante de gloire,
Sur les honneurs de l'autre emporte la victoire,
Et que tous les savants, en juges délicats,
Donnent la préférence à ses mâles appas.
Ces doctes mains chez elle ont cherché la louange;
Et Jules, Annibal, Raphaël, Michel-Ange,
Les Mignards de leur siècle, en illustres rivaux,
Ont voulu par la fresque ennoblir leurs travaux.

 Nous la voyons ici doctement revêtue
De tous les grands attraits qui surprennent la vue.
Jamais rien de pareil n'a paru dans ces lieux;
Et la belle inconnue a frappé tous les yeux.
Elle a non-seulement, par ses graces fertiles,
Charmé du grand Paris les connoisseurs habiles,
Et touché de la cour le beau monde savant;
Ses miracles encore ont passé plus avant,

Et de nos courtisans les plus légers d'étude
Elle a pour quelque temps fixé l'inquiétude,
Arrêté leur esprit, attaché leurs regards,
Et fait descendre en eux quelque goût des beaux arts.
Mais ce qui plus que tout élève son mérite,
C'est de l'auguste roi l'éclatante visite :
Ce monarque, dont l'ame aux grandes qualités
Joint un goût délicat des savantes beautés,
Qui, séparant le bon d'avec son apparence,
Décide sans erreur, et loue avec prudence,
Louis, le grand Louis, dont l'esprit souverain
Ne dit rien au hasard, et voit tout d'un œil sain,
A versé de sa bouche à ses graces brillantes
De deux précieux mots les douceurs chatouillantes ;
Et l'on sait qu'en deux mots ce roi judicieux
Fait des plus beaux travaux l'éloge glorieux.

Colbert, dont le bon goût suit celui de son maître,
A senti même charme, et nous le fait paroître.
Ce vigoureux génie au travail si constant,
Dont la vaste prudence à tous emplois s'étend,
Qui du choix souverain tient, par son haut mérite,
Du commerce et des arts la suprême conduite,
A d'une noble idée enfanté le dessein
Qu'il confie aux talents de cette docte main,
Et dont il veut par elle attacher la richesse
Aux sacrés murs du temple où son cœur s'intéresse. [1]
La voilà cette main qui se met en chaleur ;
Elle prend les pinceaux, trace, étend la couleur,

---

[1] Saint-Eustache.

Empâte, adoucit, touche, et ne fait nulle pause.
Voilà qu'elle a fini, l'ouvrage aux yeux s'expose;
Et nous y découvrons, aux yeux des grands experts,
Trois miracles de l'art en trois tableaux divers.
Mais, parmi cent objets d'une beauté touchante,
Le Dieu porte au respect, et n'a rien qui n'enchante;
Rien en grace, en douceur, en vive majesté,
Qui ne présente à l'œil une divinité;
Elle est toute en ces traits si brillants de noblesse;
La grandeur y paroît, l'équité, la sagesse,
La bonté, la puissance; enfin ces traits font voir
Ce que l'esprit de l'homme a peine à concevoir.

 Poursuis, ô grand Colbert, à vouloir dans la France
Des arts que tu régis établir l'excellence,
Et donne à ce projet, et si grand et si beau,
Tous les riches moments d'un si docte pinceau.
Attache à des travaux dont l'éclat te renomme,
Les restes précieux des jours de ce grand homme.
Tels hommes rarement se peuvent présenter;
Et, quand le ciel les donne, il faut en profiter.
De ces mains, dont les temps ne sont guère prodigues,
Tu dois à l'univers les savantes fatigues;
C'est à ton ministère à les aller saisir
Pour les mettre aux emplois que tu peux leur choisir;
Et, pour ta propre gloire, il ne faut point attendre
Qu'elles viennent t'offrir ce que ton choix doit prendre.
Les grands hommes, Colbert, sont mauvais courtisans:
Peu faits à s'acquitter des devoirs complaisants,
A leurs réflexions tout entiers ils se donnent;
Et ce n'est que par là qu'ils se perfectionnent.

L'étude et la visite ont leurs talents à part :
Qui se donne à la cour se dérobe à son art ;
Un esprit partagé rarement s'y consomme,
Et les emplois de feu demandent tout un homme.
Ils ne sauroient quitter les soins de leur métier
Pour aller chaque jour fatiguer ton portier,
Ni partout près de toi, par d'assidus hommages,
Mendier des prôneurs les éclatants suffrages :
Cet amour du travail, qui toujours règne en eux,
Rend à tous autres soins leur esprit paresseux ;
Et tu dois consentir à cette négligence
Qui de leurs beaux talents te nourrit l'excellence.
Souffre que, dans leur art s'avançant chaque jour,
Par leurs ouvrages seuls ils te fassent leur cour :
Leur mérite à tes yeux y peut assez paroître.
Consulte-s-en ton goût, il s'y connoît en maître,
Et te dira toujours, pour l'honneur de ton choix,
Sur qui tu dois verser l'éclat des grands emplois.
C'est ainsi que des arts la renaissante gloire
De tes illustres soins ornera la mémoire,
Et que ton nom, porté dans cent travaux pompeux,
Passera triomphant à nos derniers neveux.

FIN DU TOME HUITIÈME ET DERNIER.

TABLE

DES MATIÈRES CONTENUES

DANS CE VOLUME.

                                                                        pages

La Comtesse d'Escarbagnas, Comédie en un acte et en prose.   1

Le Malade Imaginaire, Comédie-Ballet en trois actes et en prose.   39

Fête de Versailles, en 1668; et Intermèdes de George Dandin.   189

La Gloire du Val-de-Grace.   241

FIN DE LA TABLE.

OUVRAGES

FAISANT PARTIE DE LA COLLECTION DES CLASSIQUES FRANÇAIS.

Malherbe (Poésies de). . . . . 1 vol. ⎫
Pascal (Lettres provinciales).. 2 vol. ⎪
— (Pensées de). . . . . 2 vol. ⎬ publiés.
J. B. Rousseau (Poésies de) . . 2 vol. ⎪
Molière (OEuvres complètes). 8 vol. ⎪
La Rochefoucauld (Max. de). 1 vol. ⎭
Montaigne. . . . . ⎫ sous presse.
Boileau (OEuvres complètes). . . . . ⎭
Voltaire (La Henriade). . . . . 1 vol.
— Poésies diverses . . . . 2 vol.
— Chefs-d'œuvre dramatiques. . . . . . 4 vol.
Fénélon (Télémaque). . . . . 2 vol.
Massillon (Petit-Carême). . . . . 1 vol.
Racine (OEuvres complètes). . . . . . . 5 vol.
Labruyère (Caractères de) . . . . 3 vol.
Bossuet (Discours sur l'Histoire Universelle) 3 vol.
— Oraisons funèbres. . . . . 1 vol.
Lafontaine (Fables). . . . . 2 vol.
Corneille (Chefs-d'œuvre) . . . . 5 vol.
Montesquieu (Grandeur et décadence des
  Romains. . . . . 1 vol.
Marot (Poésies de). . . . . 1 vol.
Regnier (OEuvres de). . . . . 1 vol.
Vieux poètes (Chefs-d'œuvre des) . . . . 2 vol.

www.ingramcontent.com/pod-product-compliance
Lightning Source LLC
Chambersburg PA
CBHW070616170426
43200CB00010B/1812